LAURENT FOURCAUT

Maître de conférences à l'IUFM de Paris

LE COMMENTAIRE COMPOSÉ

NATHAN

À Annie

Edition : Claire Hennaut

SOMMAIRE

INTRODUCTION

Le commentaire composé est couramment pratiqué du lycée à l'université ainsi que dans les classes préparatoires. Il constitue l'un des trois types de sujets proposés à l'épreuve anticipée de français du baccalauréat. Il obéit à des règles simples mais impératives, qu'il est utile de rappeler et possible d'assimiler sans trop de peine.

Cet ouvrage a pour but d'exposer et d'illustrer les techniques et les instruments indispensables à la bonne réalisation d'un exercice en vérité fondamental puisqu'il implique la lecture approfondie et méthodique d'un texte littéraire, la maîtrise des concepts qu'elle requiert et la faculté d'organiser les résultats de cette investigation dans un exposé qui soit une **démonstration** claire, ordonnée et convaincante. Le commentaire composé envisage le texte sous tous ses aspects, prenant en compte son genre, sa visée pragmatique, sa thématique, son style, sa composition, ses structures. Il est donc nécessaire de mettre à contribution de nombreuses procédures d'analyse et de les combiner pour atteindre un objectif ambitieux : l'interprétation globale et cohérente du texte.

L'exercice porte sur des textes courts (de l'ordre de vingt à trente lignes ou vers), ce qui autorise à tendre vers une lecture exhaustive. Ils relèvent pour l'essentiel de **quatre grands types** : narratif, poétique, théâtral, argumentatif. La seconde partie de ce livre est entièrement constituée d'exemples détaillés et développés de commentaires ressortissant à chacune de ces catégories. Notons que les textes ont également été choisis en fonction de critères historiques : ils s'échelonnent du XVIIe au XXe siècle.

La première partie est un guide méthodologique destiné à rafraîchir et compléter les connaissances des étudiants. Ce guide comporte lui-même deux volets. Le premier concerne la technique de l'exercice. Il indique la marche à suivre pour élaborer une problématique, il énumère les trois principaux matériaux (biographique, historique, culturel) à partir desquels l'œuvre littéraire se construit et qui constituent donc la matière première des textes à commenter. Il donne des conseils pratiques pour bâtir un plan puis l'organiser dans le détail. Après quoi il insiste sur l'importance stratégique de l'introduction et de la conclusion, dont l'art délicat doit être maîtrisé. Ce premier volet se ferme sur un bref mode d'emploi des citations, outil indispensable de la démonstration, trop souvent manié avec négligence.

Le second volet présente un rappel des principaux caractères formels des textes littéraires, — qu'ils soient communs à tous ou propres à chacun des quatre types —, ce qui reviendra à dresser la liste des questions qu'il faut savoir poser à chacun d'eux (ainsi, de l'importance de la voix dans une page narrative on déduira la nécessité de la question : qui parle ?). La définition de ces instruments d'analyse sera assortie de renvois à des ouvrages qui les envisagent plus complètement, ce mémento ne pouvant remplacer la lecture des travaux de référence. Elle sera d'autre part éclairée par des exemples empruntés soit à des œuvres bien connues, soit à tel ou tel des sept commentaires proposés (on y renverra grâce au numéro d'ordre affecté à chacun, suivi de l'indication des partie et sous-partie considérées ; ainsi 5/1.2 désignera la deuxième subdivision de la première partie du commentaire portant sur « Le pain »).

Un index permettra à l'utilisateur un parcours des principales notions utiles à l'exercice et facilitera leur assimilation, l'ouvrage fonctionnant donc aussi comme un manuel d'initiation à l'approche méthodique des textes littéraires.

Le lecteur constatera que certains commentaires ne présentent ni introduction ni conclusion ou, plus rarement, que telle partie est réduite à un plan. Ces quelques réductions ne devraient pas altérer la validité de l'ensemble.

Rappelons enfin que, dans un commentaire, la règle est de **tout rédiger,** ce qui exclut titres et sous-titres. Nous avons pourtant usé des uns et des autres, pour une raison pédagogique évidente : il fallait que la construction de chaque commentaire fût parfaitement perceptible, les articulations de son plan toujours visibles. L'étudiant devra avoir ce même souci de marquer fermement les étapes de son propos. Simplement, il convertira en phrases rédigées et intégrées au corps des paragraphes les titres et sous-titres de son plan, tout en exploitant à fond la disposition typographique (ligne sautée entre l'introduction et la première partie, puis entre chacune des parties, etc., celles-ci clairement subdivisées en paragraphes).

GUIDE MÉTHODOLOGIQUE

1. LA TECHNIQUE DU COMMENTAIRE COMPOSÉ

1.1 Définir une problématique

L'exercice, par nature, ne se réduit jamais à une explication linéaire du texte. Il l'aborde en effet à partir d'une problématique déterminée, c'est-à-dire d'un faisceau de questions logiquement articulées qu'il lui pose. Cela conduit à « balayer » le texte plusieurs fois, jusqu'à ce que toutes les questions aient trouvé leur réponse. En somme, il organise en une démonstration les principaux centres d'intérêt du passage.

La définition d'une telle problématique est donc la première tâche. Il faut signaler que certains des textes retenus ici ont été donnés au baccalauréat de français, ce qui, bien entendu, n'empêche nullement d'en tenter le commentaire pour un public universitaire. On a reproduit le libellé qui les accompagnait. Son rôle est d'aider le candidat en lui proposant des axes de lecture possibles, c'est-à-dire, peu ou prou, une problématique. Quoiqu'ils n'aient qu'une valeur indicative et ne soient pas toujours pertinents — aussi bien ne nous sommes-nous jamais astreints à les suivre —, ces libellés ont le mérite de rendre tangible la nécessité absolue d'élaborer une série de questions précises, en prise directe sur le texte et fermement liées.

Cette problématique, comment la définir ? On s'attachera d'abord à saisir, par des lectures répétées, le sens globalement dénoté (« de quoi ça parle ? ») ou encore l'**isotopie** du texte (« [...] le lecteur construit un champ sémantique homogène permettant la récupération de toutes les informations. A la suite de A.J. Greimas et du Groupe MU, c'est ce champ — condition même de la lisibilité d'un énoncé — que nous appellerons une *isotopie*. » Adam, 1989, p. 124). L'extrait de *Madame Bovary* raconte une tentation de suicide, le final de *Dom Juan* met en scène la mort d'un libertin intraitable... À des textes au sens moins nettement dessiné on peut encore assigner, au moins à titre d'hypothèse de travail, un propos *mani-*

feste à peu près univoque : « Le pain » de Francis Ponge semble tout entier la description d'un objet familier.

Une fois cette isotopie établie, on s'interrogera sur la **déformation** — ou l'ensemble de déformations — que le texte imprime à ce qu'il énonce. C'est toute sa charge connotative qui est alors soupesée. Il s'agit de repérer, identifier, analyser et croiser le plus possible des moyens — précisément littéraires : c'est à ce niveau que se trame la **littérarité** — par lesquels ce qui est énoncé est *tiré dans un sens* particulier. On constate en effet toujours que ces déformations convergent en un point qui est l'enjeu ultime du texte et assure son homogénéité. Certes il peut y avoir et il y a souvent une pluralité d'isotopies, comme il apparaît clairement dans le poème du « Pain » : on y distingue à la fois l'isotopie descriptive du pain et celle d'une cosmogonie (la fabrication, l'aspect du pain étant tout du long comparés à ceux du globe terrestre). Mais dans ce cas il y a toujours articulation, organisation en réseaux des différentes isotopies, le texte étant par nature, ainsi que nous le rappelle son étymologie, un *tissu*, c'est-à-dire un tout homogène où les divers éléments, à quelque niveau qu'ils appartiennent, entrent en relation.

C'est pourquoi on peut avancer l'hypothèse que la loi qui a été posée par le Groupe MU comme l'une des plus fondamentales du texte poétique (on pourra en lire un résumé très clair dans Delcroix et Hallyn, 1987, pp. 45-46), à savoir que l'*anthropos* (l'homme, la Culture) s'y trouve réuni au *cosmos* (le monde, la Nature) grâce à la médiation du *logos* (du langage, de l'écriture), que cette loi, donc, vaut en dernière analyse pour tout texte littéraire (J.-M. Adam n'exclut pas cette loi comme facteur de poésie mais la considère « comme trop puissante et trop générale » *op. cit.*, p. 129, note 9). C'est vrai par exemple du dénouement de *Dom Juan* qui, par les moyens littéraires mis en œuvre (programme du personnage comme actant-sujet, symboles, artifices théâtraux), plonge le jeune homme dans la Totalité qui était l'objet de sa quête, de sorte que les deux « lignes » de sens en concurrence depuis le début de la pièce, punition du libertin et quête mystique du révolté, finissent par se rejoindre : dans la mort, Don Juan trouve enfin la Femme totale désirée.

Objectera-t-on qu'un texte « d'idées », développant plutôt une argumentation, paraît moins exposé aux pressions de l'imaginaire et ne saurait donc guère se plier à un tel schéma ? Il le fait pourtant. Qu'on observe la fameuse page polémique de Fontenelle sur « la dent d'or ». Avec les ressources spécifiques du texte argumentatif — qui n'excluent d'ailleurs ni le recours à l'image ni l'utilisation de la fable : « Si *Peau d'âne* m'était conté ... » — et qui ont elles aussi à voir avec le gauchissement de l'objet (ainsi dans le petit récit tout est-il « tordu » dans le sens d'une dévalorisation systématique des tenants de la mauvaise méthode), le pionnier des Lumières vise ce but même : redresser le rapport faussé entre l'homme et le monde en rétablissant cette adéquation entre l'esprit et le réel qu'est le « vrai ».

On posera donc que toute problématique de commentaire composé tend à se formuler à partir du moule suivant : selon quelle stratégie, avec quels procédés, en bricolant quelles structures le texte s'efforce-t-il de réparer le lien brisé entre l'homme et le monde ? Cela ne va pas, évidemment, sans toutes sortes de variables : quelle sorte d'homme ? placé dans quelles conditions sociales, historiques, culturelles ? sous quelle forme ce monde ? quel aspect le divorce revêt-il ? à quoi est-il dû ? etc. La permanence d'une telle structure n'a rien de gratuit ni de fantaisiste. Car c'est ce projet même de réparation qui fonde l'art.

Tirant la conséquence de ce qui précède, on pourra dire que l'œuvre est ce double *artificiel* du monde dans lequel le désir enfin s'assouvit parce que, circulant dans les réseaux du sens, il sacrifie à son dynamisme centrifuge mais sans jamais se hasarder à se perdre *pour de vrai*. D'où ce corollaire de notre loi, capital (mais à utiliser avec prudence) : « [...] la fiction se développe comme allégorie de l'écriture qui l'érige », ou encore : « Toute fiction, peut-être, au moins par intuition, tend à produire une image des principes narratifs qui l'établissent [1]. » Ce qui veut dire que ce dont parle le texte peut toujours plus ou moins se lire **en dernière instance** comme une métaphore de l'écriture elle-même : le tour de

1. Jean Ricardou, *Problèmes du nouveau roman*, Seuil, 1967, pp. 29 et 55 (rééd. « Points Essais », 1991).

Binet renvoie au rythme de la phrase flaubertienne et à sa fonction (2/3.1), la *texture* du pain poétique met en abyme le texte du poème du pain (5/2.1).

Au total, la problématique se déduit de l'analyse du **détournement de sens** opéré par l'œuvre. Ainsi, dans le passage de *Madame Bovary*, il s'agit de montrer comment, le narrateur adoptant le point de vue d'un personnage désespéré, la description du bourg reflète contradictoirement ses aspirations et ses angoisses, et comment alors le texte fabrique une synthèse des deux postulations dans l'image d'une mort libératrice.

Le commentaire composé considère donc le texte comme une **forme-sens**. C'est pourquoi il s'interdit d'examiner séparément signifiant et signifié, fond et forme : la signification du texte n'est rien d'autre que le produit global de tous les dispositifs formels auxquels il soumet son objet.

1.2 La matière première de l'œuvre

Toutefois, c'est par commodité que, jusqu'à présent, nous avons parlé de l'« objet » du texte. Mieux vaudrait parler des matériaux qu'il travaille : le réel ne s'offre jamais à l'écrivain sous une forme brute mais bien plutôt déjà découpé selon trois secteurs principaux, la matière de chacun d'eux étant déjà elle-même médiatisée par toutes sortes de grilles et de codes : le réservoir biographique (et en effet l'artiste n'appréhende sa propre vie qu'à travers des rubriques obligées : relations familiales — ce qui l'articule au mythe —, lieu, temps, classe — ce qui la relie à l'Histoire —, initiations, épreuves, amours — ce qui la rend tributaire de représentations culturelles, d'un imaginaire collectif), les données socio-historiques et le fonds culturel.

La source biographique

Quelles traces le texte porte-t-il, éventuellement, de ce que l'on connaît de la vie de l'auteur ? Impossible de lire *Madame Bovary* sans tenir compte du fait que le personnage titre est à certains égards, et de son propre aveu, un double de Flaubert (2/3.1). Le titre du poème d'Apollinaire,

« Marie », renvoie à la liaison du poète avec le peintre Marie Laurencin (4/1.1), mais ne s'y réduit nullement. Quantité d'allusions, de détails peuvent ainsi recevoir un éclairage non négligeable des éléments de la biographie de l'auteur mais il importe de bien voir que ces données sont « digérées » par le texte, intégrées à ses structures et mises à contribution dans la production de ses réseaux de sens.

Les contextes historiques et sociologiques

Le texte évoque-t-il un événement historique, une classe sociale, un problème de société ? Quelle **image** en donne-t-il ? *Dom Juan* est à cet égard le meilleur des exemples, dans la mesure où cette pièce géniale présente un tableau complet des classes sociales sous la monarchie absolue : paysans, valets, bourgeois et tout l'éventail d'une aristocratie en crise. En outre, elle déconstruit l'agrégat des idéologies en pleine recomposition derrière le *rideau de fumée* des valeurs officielles proclamées bien haut — et que symbolise le tabac offert en hors-d'œuvre (6/3.3).

Indispensable, bien entendu, de replacer « La dent d'or » de Fontenelle dans le débat qui, en cette fin du XVIIe siècle, oppose le rationalisme critique à l'obscurantisme dogmatique. Le narrateur du *Père Goriot*, quant à lui, affirme dès l'*incipit* son intention de faire paraître dans la représentation romanesque la vérité des rapports sociaux, leur foisonnement et jusqu'à leurs aspects les plus triviaux, cela dût-il faire éclater les codes narratifs traditionnels (1/2).

Il n'est pas non plus indifférent d'observer que, dans telle page de *L'Éducation sentimentale*[2] où est narrée l'insurrection parisienne de février 1848, les images employées pour décrire l'événement (« mer », « solfatare ») rabattent un authentique épisode historique sur le plan de la Nature : pour Flaubert, l'histoire n'a pas de sens, elle est absurde et grotesque.

En somme, il s'agit de découvrir et de définir l'**idéologie** d'un texte.

2. III, 1, GF, Flammarion, éd. 1985, pp. 357-359.

Mais sans jamais oublier qu'il ne se réduit pas à l'illustration d'une idéologie ou d'une thèse — ou alors c'est un texte médiocre, plus proche de la propagande que de la littérature, et guetté esthétiquement par le cliché. Par définition et par vocation, l'œuvre d'art « dévoile », certes, le réel en le nommant, comme l'expliquait Sartre dans *Qu'est-ce que la littérature?*[3], mais elle le restitue dans sa complexité et ses contradictions, d'où d'ailleurs son effort permanent de synthèse imaginaire. Comme la biographie, les idéologies ne font qu'alimenter le texte.

L'héritage culturel

Tout écrivain est tributaire du fonds culturel dont son œuvre, consciemment ou non, se nourrit. Les textes en portent donc les traces. On en peut distinguer trois sortes :

— les **intertextes**, c'est-à-dire les autres textes plus ou moins directement présents à l'intérieur d'un texte donné, sous des formes diverses : citations, allusions, réminiscences... Il est toujours précieux d'en repérer l'affleurement. Citation de Shakespeare dans Balzac (1/2.2). Allusion précise à un conte de Perrault dans « Marie » (4/1.2), évocation plus discrète de la sagesse épicurienne dans *Pierrot mon ami* (3/2.1). Présence de l'intertexte évangélique dans le titre du poème d'Apollinaire, « Marie » (4/1.1) ;

— les **symboles**. L'écrivain exploite les valeurs symboliques, plus ou moins codifiées (notre bibliographie signale un *Dictionnaire des symboles*), d'objets, d'animaux, de gestes, de couleurs, d'éléments, etc. Molière utilise de façon assez particulière le symbole du Temps destructeur : un squelette armé d'une faux (6/1.3) ; dans ce contexte, l'épée de Don Juan apparaît phallique (6/2.3). Le cercle dans *Madame Bovary* présente deux valeurs opposées : enfermement (2/1.2) et plénitude (2/2.3). Le symbolisme de la chevelure féminine dans « Marie » (4/1.3) était déjà chez Baudelaire. Celui du feu (5/2.1), chez Ponge, est fort riche ;

— les **mythes**. Restes d'explications archaïques des phénomènes, ils

3. Gallimard, 1948, rééd. « Idées », 1980, pp. 29-30 et 75-78.

continuent d'informer notre vision des choses, et les œuvres en sont pétries. Parmi les plus fréquemment convoqués, mentionnons ceux de l'Apocalypse (1/3.3 ; 2/3.2), du Déluge, de l'Âge d'or et bien sûr celui d'Œdipe, interprété comme nous le savons par la psychanalyse, présent dans tout roman (voir Marthe Robert), et générateur de grandes figures mythiques comme celle de la Terre-Mère dévoratrice (5/2.1 ; 6/2.3).

Intertextes, symboles et mythes sont eux aussi intégrés au texte qui les convertit en **images** (comparaisons et métaphores), par exemple celle de la course aveugle des hommes dans « La dent d'or » (7/3.2) ou de la mer dans *Madame Bovary* (2/3.3), et en **thèmes**, motifs récurrents qu'on ne confondra pas avec les isotopies. En effet, la notion d'isotopie « dépasse le cadre des sèmes dénotatifs qui est celui du "thème" (cf. études sur le thème de l'eau, de la mort, du voyage, etc.), puisqu'elle inclut les sèmes connotatifs » (Fromilhague, p. 63). Thème élégiaque de l'amour enfui (4/1.3), du temps qui passe (3/2.1), thème romantique du voyage de la mort (2/3.3)...

Images et thèmes s'intègrent à leur tour dans des isotopies et contribuent par là puissamment à l'élaboration du sens du texte. Il arrive d'ailleurs souvent qu'une image ou la première occurrence d'un élément thématique déterminent une allotopie (ou rupture d'isotopie) ; ils fonctionnent alors comme des « embrayeurs d'isotopie » : « Certains éléments au statut mal défini jouent un rôle important dans la construction de réseaux associatifs ; il s'agit de ces "terme(s)-pivot(s) polysémique(s)" [C. Kerbrat-Orecchioni], qui signalent au lecteur la présence simultanée de plusieurs isotopies : la lecture polysémique des textes est souvent fondée sur le repérage de ces "embrayeurs", véritables opérateurs d'associativité » (Fromilhague, p. 119). Le début du poème « Le pain » en procurera un bon exemple (5/1.2).

On peut maintenant préciser l'objectif du commentaire composé et donc aussi la définition de sa problématique : montrer comment le texte travaille sur un objet qui est à l'intersection de ces trois plans et déterminer dans quel sens et selon quels procédés formels il le modifie.

1.3 Le plan du commentaire, mode d'emploi

Une fois la problématique ainsi définie, on en déduit mécaniquement le plan général du commentaire. Soit l'exemple du fragment de Queneau. La problématique est globalement la suivante : l'originalité du passage tient à ce qu'un personnage anonyme, placé dans une situation médiocre, semble en retirer un contentement paradoxal grâce à une sorte de disponibilité bon enfant qui entre en correspondance avec la tonalité même du texte. De là trois questions ou trois centres d'intérêt : 1. un personnage qui est un anti-héros (transgression des codes romanesques) ; 2. une sagesse épicurienne (jouissance du quotidien chez Queneau) ; 3. une poétique généralisée de subversion des codes littéraires (l'esthétique converge avec l'éthique).

Maintenant quelques conseils pratiques. À chacune des parties on consacre un mini-dossier, une chemise souple sur laquelle on inscrit un titre (au crayon car l'approfondissement de l'analyse peut conduire à modifier légèrement le découpage d'ensemble). On enregistre alors dans chacun des dossiers tous les éléments du texte — à quelque niveau qu'ils appartiennent : mots, figures, thèmes, rythmes, composition, etc. — se rapportant à chaque partie. On s'efforce, au fur et à mesure, de **classer** ces éléments (en les distribuant sur des feuillets dont chacun correspondra à une sous-partie), et, de proche en proche, on aboutit ainsi à l'organisation interne de chaque partie. Il va de soi que ces procédés artisanaux peuvent être remplacés par une utilisation analogue des commodités qu'offre le traitement de texte.

1.4 Introduction et conclusion

L'introduction

Elle a une triple fonction : capter l'attention et l'intérêt du lecteur ; lui présenter le texte ; lui exposer la problématique selon laquelle on se propose de l'analyser. Elle comporte donc toujours trois temps :

— Amener le sujet. On n'entre pas de plain-pied dans le texte (proscrire les débuts du type : « Ce texte de... »). On consacre d'abord deux ou trois phrases à telle considération assez générale pour qu'un lecteur non préparé puisse se sentir concerné par ce qui va suivre et qui entretienne d'autre part avec le texte un rapport assez direct pour qu'on puisse y venir naturellement et sans tarder. Cette amorce se rattache au texte soit par son thème global, par le problème qu'il soulève (7 : le débat d'idées à la fin du XVIIe siècle), soit par la forme littéraire dans laquelle il s'inscrit (3 : mutation du héros de roman ; 6 : le dénouement dans la dramaturgie classique), soit par un caractère bien connu de l'auteur ou de son époque, que le texte confirme ou au contraire contredit (4 : Apollinaire, poète élégiaque), soit par un trait remarquable de l'œuvre à laquelle le passage est emprunté (2 : *Madame Bovary* et la mort du romantisme), etc.

— Présenter le texte, comme si le lecteur ne l'avait pas sous les yeux. C'est-à-dire indiquer :

• l'auteur : éviter tout développement mécanique et intempestif ; ne conserver strictement — et en peu de mots — que ce qui peut éclairer tel ou tel aspect du texte ;

• le titre de l'œuvre : toujours souligné d'un trait, les guillemets sont réservés au titre d'un poème, d'un chapitre de roman, bref à une partie de l'œuvre ; et le genre auquel elle appartient : roman, conte, nouvelle, tragédie, comédie, essai philosophique, poème en vers, en prose, etc. ;

• la situation du texte dans l'ensemble : dans le cas d'un extrait de roman ou de pièce de théâtre, expliquer d'une phrase l'endroit de l'intrigue où prend place le fragment ; dans le cas d'un poème, sa situation dans le recueil, si elle est significative. Éventuellement, si cela importe à la compréhension du texte, situer brièvement l'œuvre dans l'ensemble de la production de l'auteur ou dans un courant. Toujours indiquer la date de publication de l'œuvre ;

• le thème principal du passage, sous une forme très concise ;

• si elle est caractéristique (opposition de deux parties, répartition des masses typographiques dans le poème libre ...), la composition du texte.

— Définir la problématique sous la forme d'une série de questions, ce qui revient à annoncer le plan du commentaire.

La conclusion

Elle comporte toujours deux parties :

— Elle récapitule les résultats obtenus, c'est-à-dire les réponses apportées aux questions soulevées dans l'introduction, en s'attachant à les mettre en valeur. Cette première phase de la conclusion débouche sur un jugement esthétique (réussite, beauté, originalité du texte...).

— Elle élargit la perspective en replaçant le texte, les problèmes qu'il pose, son esthétique, dans un ensemble plus vaste : la manière de l'auteur (3), la nouveauté de l'œuvre (2) ou sa modernité (4), la reprise (7) ou la modification (6) du thème dans une œuvre ultérieure, etc.

1.5 Du bon usage des citations

Une des règles absolues du commentaire composé est qu'il s'appuie systématiquement sur le texte. Il le **cite** donc constamment. Les citations doivent impérativement respecter les règles suivantes :

— Sauf exception, elles sont placées après l'idée qu'elles illustrent ; mais elles ne constituent pas en elles-mêmes une preuve : citer ne dispense pas d'analyser ni d'argumenter.

— Elles doivent être scrupuleusement exactes, et placées entre guillemets.

— Elles ne sont pas trop longues, et c'est logique. Une phrase entière offre plusieurs prises à l' analyse. On ne citera donc à chaque fois que le fragment concerné. Si l'on retranche un ou plusieurs mots à l'intérieur de la phrase, la suppression sera signalée par [...] ; encore faudra-t-il que la partie restante demeure syntaxiquement acceptable.

— Le problème se pose du raccord entre la citation et la phrase qui l'introduit. Ou bien le fragment cité vient après deux points et l'on se trouve alors dans le cas de figure précédent (le narrateur du *Père Goriot* déclare paradoxalement : « ce drame n'est [pas] un roman »). Ou bien il s'intègre à la phrase du commentaire qui le cite et alors le raccord doit être syntaxiquement correct ; les modifications du texte cité que cette exigence rend parfois nécessaires seront placées entre crochets (Fontenelle explique que le « malheur » consistant à négliger les faits au profit de la cause « arriva si plaisamment sur la fin du siècle [précédent] à quelques savants d'Allemagne, qu['il ne peut s'] empêcher d'en parler » en ce point de son exposé).

2. Les instruments de l'analyse littéraire

2.1 La typologie des textes

J.-M. Adam (1987), considérant leur hétérogénéité de fait, nie la pertinence d'une typologie des textes ; il lui substitue une typologie de séquences, préférant appréhender le texte comme une *structure séquentielle*. Il distingue sept types de séquentialité : narrative, descriptive, explicative-expositive, argumentative, injonctive-instructionnelle, dialogale-conversationnelle, poétique-autotélique.

Un texte peut être constitué soit d'une séquence homogène (par exemple narrative), soit d'une série de séquences du même type, soit, le plus souvent, d'une combinaison de séquences hétérogènes, leur enchaînement se définissant en termes d'insertion de séquences et de dominante séquentielle. « La dent d'or » offre un cas typique d'insertion d'une séquence narrative dans une séquence argumentative (7/1.1). Le narrateur du *Père Goriot* interrompt bien vite son récit au profit d'une discussion sur le genre du livre qui commence, dans laquelle il interpelle son lecteur : cette fois c'est une séquence conversationnelle insérée dans un texte à dominante narrative.

Chaque type se caractérise par des marques morphosyntaxiques de surface (narratif : verbes d'action au passé, connecteurs chronologiques, etc.), qui fonctionnent pour le lecteur comme des critères de reconnaissance du type, et surtout par des « superstructures » profondes — il peut, du reste, ne pas y avoir correspondance mécanique entre les deux plans, la

« surface » jouissant d'une sorte d'autonomie relative —, que nous envisagerons à propos des quatre types principaux.

2.2 L'énonciation

Il est toujours nécessaire d'examiner les **marques de l'énonciation** que comporte un texte, c'est-à-dire les traces, discrètes ou prononcées, de l'émetteur, de son destinataire ainsi que du lieu et du temps depuis lesquels il s'adresse à lui. Rappelons que la présence ou au contraire l'effacement (relatif) de ces marques conditionnent l'appartenance du texte à la catégorie du **discours** ou à celle du **récit** (lesquelles déterminent à leur tour le choix des temps verbaux : présent, futur, passé composé ou imparfait, passé simple, plus-que-parfait).

Pour l'essentiel, ces marques sont les déictiques (mots dont le référent est tributaire de la situation d'énonciation) : pronoms de la première et de la deuxième personnes, ainsi que les possessifs correspondants : « je » et « mon » renvoient à l'émetteur du discours où ces mots figurent ; certains adverbes de temps et de lieu : ici, là, là-bas, à gauche, etc. ; maintenant, hier, demain, etc. ; les démonstratifs qui ne sont pas anaphoriques, c'est-à-dire qui ne réfèrent pas à une occurrence antérieure du nom mais désignent un élément de la situation : dans « cette maison », l'adjectif démonstratif est un déictique s'il accompagne le geste qui montre la maison présente dans l'espace des interlocuteurs, mais il est un anaphorique s'il renvoie à une précédente mention de la maison en amont du texte ; des noms comme « papa », « maman » : « papa », c'est le père de celui qui parle.

En outre, le sujet de l'énonciation intervient pour manifester son appréciation à l'égard de son énoncé. Cette évaluation subjective se traduit dans l'emploi de modalisateurs (verbes comme « devoir », « pouvoir », « falloir » ; adverbes comme « évidemment », « sans doute », « peut-être » ; substantifs comme « une sorte de », adjectifs comme « douteux », « authentique », etc.) et autres marqueurs affectifs ou axiologiques de subjectivité (voir Fromilhague, pp. 90-92).

Cependant un texte littéraire, quand bien même il relève du *discours*, constitue une communication d'un type particulier, ne serait-ce que parce qu'elle est différée. Dans l'*incipit* célèbre de *L'Étranger* de Camus : « Aujourd'hui maman est morte. Ou peut-être hier, je ne sais pas », les déictiques temporels ne renvoient pas à un véritable « maintenant » où baigneraient effectivement un « je » et un « tu » (ou un « vous ») mais à un temps fictif qui conjoint artificiellement le narrateur (puisque c'est un récit) et son destinataire, personne elle-même fictive que construit le discours narratif (on parle dans ce cas-là de **narrataire**). On a un bon exemple de la scène énonciative fabriquée par le texte littéraire dans l'extrait du *Père Goriot* (1/2.1).

2.3 La rhétorique et ses figures

Il n'est pas question de présenter ici un panorama des figures de rhétorique. On le trouvera sans peine ailleurs. Dans tout texte le repérage des figures est indispensable, parce que celles-ci sont un des principaux moyens par lesquels il transforme son objet.

Il n'est sans doute pas inutile de rappeler au moins le mécanisme sémantique des trois principaux **tropes** (ou figures de sens), abondamment utilisés : la métaphore, la métonymie et la synecdoque. Dans les trois cas un mot est employé avec un sens autre que son sens enregistré au lexique. Ce qui les distingue, c'est la relation logique entre les deux signifiés ainsi mis en jeu. Le rapport est d'intersection dans la métaphore (un ou plusieurs sèmes — ou unités de signification — communs). Dans « Marie » les brebis sont qualifiées de « flocons de laine » (4/1.3) : brebis et flocons (de neige) ont en commun la blancheur et aussi sans doute de former un ensemble compact. Le détournement de sens s'effectue dans la métonymie sur la base d'un rapport de contiguïté. Le vers 6 du même poème, « Les masques sont silencieux », en contient une, car ce n'est point le masque qui est susceptible de parler ou de se taire, mais bien la personne qui le porte sur son visage (donc le contenant est mis pour le contenu) (4/1.2). La synecdoque enfin repose sur une relation d'inclusion.

Lorsque Balzac définit Paris comme « cette illustre vallée de plâtras incessamment près de tomber » (1/2.3), il fait une synecdoque puisque « plâtras » échange son sens ordinaire (mauvais matériaux de construction) contre celui de « bâtisses faites de matériaux médiocres », donc menaçant ruine (le tout est exprimé par une de ses parties).

2.4 Les textes narratifs

Dans un récit (fragment de roman, de conte, de nouvelle ou séquence narrative insérée), l'attention portera tout particulièrement sur les aspects suivants :

La voix narrative, liée au mode d'énonciation : qui raconte, qui parle ?
Cela revient à s'interroger sur le statut du narrateur (qu'on ne confondra pas avec l'auteur, « personne socialement et historiquement située », tandis que le narrateur est une « instance purement textuelle » ; Maingueneau, 1990, p. 27).

Il peut être un personnage et deux cas en gros se présentent alors : ou bien l'histoire est en forme de « discours » *(L'Étranger)*, ou bien elle est un récit au passé, auquel cas le « je »-personnage correspond à un « il » sauf lorsque, se cantonnant à son rôle de narrateur, il explique par exemple — et il le fait alors au présent — comment il voit les choses maintenant, avec le recul. Voici un exemple de ces deux derniers statuts du « je » dans le début du *Grand Meaulnes* : « Il *[Meaulnes]* arriva chez nous un dimanche de novembre 189... / Je continue à dire « chez nous », bien que la maison ne nous appartienne plus. [...] Quant à moi, coiffé d'un grand chapeau de paille à rubans, j'étais resté là, sur le gravier de cette cour étrangère [...]. / C'est ainsi, du moins, que j'imagine aujourd'hui notre arrivée[4]. »

S'il n'est pas un personnage, le narrateur est en principe absent de l'histoire qu'il raconte. Mais il trahit sa présence de plusieurs manières (voir ci-dessus « L'énonciation » et 2/1.1). Il peut aussi intervenir dans son

4. A. Fournier, *Le Grand Meaulnes*, Le Livre de poche, 1971, pp. 11-13.

récit pour le commenter, l'expliquer, juger ses personnages, etc. C'est souvent ce que fait le narrateur balzacien (1/2.1).

Il conviendra d'autre part d'étudier, le cas échéant, le mode de transcription des paroles des personnages : style direct (« *Ma femme! ma femme!* cria Charles » *in* 2) ; style indirect (« Horstius [...] prétendit qu'elle était en partie naturelle, en partie miraculeuse », *in* 7) ; style indirect libre (« Pourquoi n'en pas finir ? Qui la retenait donc ? Elle était libre », *in* 2) ; discours narrativisé (« Mon hôte s'enquérait de la Révolution, je lui demandais des nouvelles du passage au nord-ouest. » *in* Chateaubriand, *Mémoires d'Outre-Tombe*).

Le point de vue narratif

On distingue trois modalités qui, d'ailleurs, varient souvent dans un même récit :

— focalisation zéro : pas de restriction du champ de vision ; le récit est fait par un narrateur omniscient, doué d'ubiquité, qui embrasse tous les lieux de l'action, parcourt le temps à volonté et pénètre dans la conscience des personnages ;

— focalisation interne : le narrateur ne dit que ce que voit un personnage, il épouse son point de vue (2/1.1) et restreint l'information à ce qu'il peut savoir ;

— focalisation externe : le narrateur enregistre faits et gestes comme le ferait un témoin neutre, extérieur à l'action. Modalité souvent utilisée dans les débuts de romans du XIXe siècle, sur quelques pages, pour « mimer » la position du lecteur (on affecte de découvrir une scène, un paysage en même temps que lui) et accompagner ainsi son entrée dans l'univers fictionnel.

La reconstitution d'une temporalité

Comment le temps est-il représenté dans le texte ? Trois sortes de distorsions se rencontrent, étant entendu que le temps romanesque est un temps fabriqué. Elles affectent :

— l'ordre : le récit peut s'interrompre pour procéder à un retour en arrière (*analepse*) ou anticiper sur l'avenir (*prolepse*) ;

— la durée : il peut passer sous silence une portion de l'histoire *(ellipse)*, la résumer *(sommaire)*, arrêter l'écoulement du temps, comme dans certaines descriptions ou digressions *(pause)*, tendre vers une égalité (toute théorique) entre temps de l'histoire et temps de la narration (c'est-à-dire en réalité nombre de mots, de pages). C'est le dialogue — du moins s'il est intégralement « reproduit » — qui se rapproche le plus de cette égalité *(scène)* ;
— la fréquence : le récit est « singulatif » (il raconte une fois ce qui s'est passé une fois) ou « itératif » (il raconte en une fois ce qui s'est produit *n* fois).

La représentation de l'espace
Même s'il se donne pour réel, un espace narratif est toujours construit.
— Est-il présenté par le narrateur, ou perçu par un personnage ? Par quel(s) sens est-il appréhendé ? Selon quel affect : euphorique ou dysphorique (3/2.3) ? On analysera ses formes : est-il fermé ou ouvert ? Le bourg est perçu par Emma Bovary comme un lieu fermé qui l'emprisonne, à la différence de la campagne, ouverte (2/1.2 et 2.1). Formes géométriques : l'espace est rond, carré, rectangulaire... Espace se développant en profondeur, en hauteur, ou latéralement.
— Ses fonctions. L'espace peut jouer un rôle important dans le système actantiel d'un récit : le *sujet* est souvent celui qui a la faculté de traverser tous les espaces du roman. L'espace peut être aussi *objet de valeur* de la quête : « le sol de la place », mouvant comme une mer, l'air circulant « dans sa tête creuse » sont les formes paradoxales que prend pour Emma, dans son vertige suicidaire, l'absolu auquel elle aspire. Ou *adjuvant*: le « fossé à franchir » sert à Valmont de prétexte pour prendre la présidente de Tourvel dans ses bras (*Les Liaisons dangereuses*, lettre VI). Ou encore *opposant* (le cercle-prison fait obstacle au désir du personnage, 2/1.2).

La description
On étudiera :
— la transition de la narration à la description. Dans le cas d'une description subjective (en focalisation interne), la transition se conforme généralement au schéma suivant (qui motive la description) : personnage + pause +

verbe de perception + notation d'un milieu élevé et/ou transparent + objet à décrire. Voici un exemple tiré de *Colline* de Giono : « Tout d'un coup, comme ils sont au sommet de la rue montante, ils voient. / C'est une place[5]. » ;

— les structures de la description :

- décrire, c'est sélectionner des parties, mais aussi des mots pour les qualifier ; cette double sélection dessine des lignes de sens. Exemple : le portrait de Charles Bovary dans la première page de *Madame Bovary* sélectionne tout ce qui fait du jeune homme un campagnard mal préparé à entrer dans son nouveau milieu ;
- décrire, c'est donc énumérer les parties d'un tout (après que celui-ci a été caractérisé globalement et situé dans l'espace, voire le temps), chaque partie étant susceptible de recevoir un prédicat (du type : comment est-ce ? qu'est-ce que ça fait ?), d'être située à son tour à l'intérieur de l'ensemble et éventuellement décomposée en sous-parties ;
- ordonnancement : dans quel ordre s'effectue l'énumération des parties ? Le portrait se fait ordinairement du haut vers le bas, de la tête aux pieds (voir le portrait de Charles Bovary) ;

— les fonctions de la description :

- elle est indispensable à la production de l'impression réaliste : c'est elle qui fait naître un paysage, dessine un personnage (en habillant un actant d'attributs particuliers) ;
- elle est le lieu où le récit fait le point sur son propre développement, en traduisant les données antérieures dans le code symbolique (valeur symbolique du cercle dans 2) et où il prépare sa relance, sur le même mode (le portrait de Charles Bovary contient en germe son sort futur).

Le traitement des personnages

Jusqu'à quel point les attributs du personnage produisent-ils un effet de réel : a-t-il un nom — le nom des personnages est souvent *motivé* : le commerçant à la page de *Madame Bovary* s'appelle « Lheureux » —, parle-t-on de son âge, de ses relations familiales, de sa profession ? son

5. J. Giono, *Colline*, Le Livre de poche, 1969, p. 93.

physique, ses vêtements sont-ils décrits, et avec quel degré de précision ? Deux exemples opposés donneront une juste idée de l'importance de cette caractérisation du personnage. D'un côté le portrait très complet de Mme Vauquer dans *Le Père Goriot*[6], de l'autre l'allure délibérément anonyme que Queneau donne à « Pierrot » (3/1.1).

Ne jamais oublier, enfin, qu'un personnage est porteur de valeurs : Emma Bovary signifie l'inadaptation profonde de la sensibilité et des aspirations romantiques — elles s'expriment d'ailleurs, déjà, dans des formes caricaturales — à une société où triomphent les mœurs et l'idéologie bourgeoises. Dans le passage de *L'Éducation sentimentale* déjà mentionné, le personnage de Frédéric Moreau, perdu au milieu de la foule des insurgés (« Frédéric, pris entre deux masses profondes, ne bougeait pas »), ne comprenant rien à la situation, incapable de réagir, marque la fin, dans l'univers romanesque, du règne de l'individu lucide et énergique (tel le personnage de Rastignac dans *Le Père Goriot*). Pierrot, chez Queneau, incarne une sorte de sagesse en demi-teinte, d'épicurisme mélancolique et populaire (3/2.1 et 2.2).

Le schéma actantiel

Il est destiné à rendre compte des forces en présence par rapport à un programme narratif élaboré sur la base d'un manque initial. Ce schéma répartit tous les actants — personnages, animaux, objets, sentiments, etc., en tant qu'ils remplissent une de ces fonctions — du récit fondé sur la transformation de la situation initiale de manque, autour de six pôles regroupés en trois séries binaires : 1. le *sujet* de la quête et l'*objet* qu'il cherche à obtenir (pour combler le manque) ; 2. le *destinateur* de la quête qui inspire au sujet le désir de l'objet et son *destinataire*, auquel l'objet sera communiqué ; 3. l'*adjuvant* et l'*opposant*, l'un aidant, l'autre contrecarrant la quête. Ce schéma intéresse le commentaire composé dans la mesure où il permet d'éclairer la fonction d'un personnage, d'un objet, d'un lieu, etc.

6. GF, Flammarion, 1966, p. 30.

La structure de l'action narrative

Certains textes peuvent présenter (plus ou moins complètement) la suite réglée d'éléments narratifs constituant une **séquence**. On identifiera les étapes successives du « modèle quinaire » élaboré par J.-M. Adam : 1. état initial (où ? quand ? qui ? + problème en germe sous la forme d'un manque plus ou moins latent) ; 2. force transformatrice (événement, action, circonstance qui vient modifier le précaire équilibre initial, actualisant le problème qu'il contenait virtuellement) ; 3. dynamique de l'action (actions et réactions des personnages) ; 4. force résolutive (action ou circonstance qui met un terme à la tension déclenchée par la force transformatrice) ; 5. état final (situation qui résulte de la mise en œuvre de la force résolutive : un équilibre est retrouvé ; il contient, plus ou moins explicitement, une leçon).

La séquence narrative insérée dans le texte de Fontenelle illustre parfaitement cette structure (7/2.1).

Selon la façon dont sont mis en œuvre et combinés ces instruments de la représentation, on pourra mesurer le degré d'**illusion** (ou impression) **réaliste** que le texte produit.

2.5 Les textes poétiques

La mise en page du poème

Le poème est d'abord reconnu comme tel parce qu'il présente une inscription particulière dans l'espace de la page. En outre, du premier coup d'œil, on distingue le poème à forme fixe (un sonnet par exemple), qui se signale par la répartition régulière des vers en strophes, du poème en vers libres (longueur variable des mètres, éventuellement disposés en « paquets » formant des masses inégales) et du poème en prose (pas de passage systématique à la ligne, paragraphes généralement courts). Il suffit de mettre côte à côte les deux poèmes de notre corpus pour mesurer l'évidence et l'importance du facteur typographique. En outre, « la disposition typographique donne immmédiatement à voir la structure tabulaire du poème » (Adam, 1989, p. 29) : elle invite à une lecture non plus linéaire mais qui parcourra le texte *dans tous les sens*.

La versification

Commenter un poème, c'est d'abord être capable de décrire son rythme et le jeu de ses sonorités.

— *Le rythme :*

L'élément de base est la *mesure*, déterminée par un accent d'intensité portant sur la dernière voyelle prononcée du groupe : « un beau navir(e) ». Le rythme du vers est fondé sur « la perception d'une série de rapports entre les nombres syllabiques de groupes délimités par leurs accents » (Mazaleyrat, p. 14), c'est-à-dire de mesures. Soit l'alexandrin binaire de Hugo (« Demain, dès l'aube... ») :

Je ne puis / demeurer // loin de toi / plus longtemps

On dénombre quatre mesures de trois syllabes chacune, avec césure (pause centrale) et deux coupes (pauses secondaires) partageant chaque hémistiche ; on a donc un rythme régulier (3/3//3/3).

Attention à la règle : « La présence d'une syllabe en *e* atone à la fin du dernier mot d'une mesure fait passer cette syllabe au début de la mesure suivante » (Mazaleyrat, p. 174). On scandera donc ainsi le dernier vers de « L'Albatros » de Baudelaire :

Ses ai / les de géant // l'empê / chent de marcher (2/4 // 2/4).

La scansion du vers libre, affranchi des contraintes du mètre régulier, laisse une marge d'interprétation (au sens musical) au lecteur, qui joue dès lors des apocopes (suppression en fin de mot d'un *e* caduc non élidable) et des syncopes (même phénomène à l'intérieur d'un mot). Le vers de René Char : « Le vent insomnieux qui nous rid(e) la paupière » (« Evadné » in *Seuls demeurent*, éd. Pléiade, p. 153) ne sera un alexandrin que si le *e* de « ride » n'est pas prononcé (et si de surcroît on pratique une diérèse dans « insomni-eux »).

On appréciera enfin la valeur expressive des rejets et contre-rejets, externes (de vers à vers) ou internes (par rapport à la césure) :

« J'ai vu / des archipels // sidéraux, / et des îles » (Rimbaud).

L'adjectif « sidéraux » est disjoint du nom « archipels » qu'il qualifie et rejeté dans l'hémistiche suivant (rejet interne).

— *Les sonorités:*

Observer la disposition (plates ou suivies ; alternées ; embrassées) et la qualité des rimes (pauvre : un phonème commun ; suffisante : deux phonèmes ; riche : plus de deux). Commenter tout écart : par exemple, la première strophe de « Marie » (4/1.2 et 3.1).

Analyser l'harmonie due aux répétitions de phonèmes consonantiques (allitérations) ou vocaliques (assonances) : allitération en [s] dans « Les masques sont silencieux ». On se gardera toutefois d'interpréter mécaniquement tout jeu sur les sonorités comme une harmonie imitative. Certes, comme l'a admirablement expliqué Sartre, le langage poétique s'insurge contre l'arbitraire du signe linguistique en traitant le mot comme une chose douée de multiples propriétés dans lesquelles entrent à la fois signifiant et signifié, une chose qui devient l'« image » d'un aspect inouï du réel — et non pas de l'objet ordinairement désigné par le mot[7]. Et il est vrai que, dans le vers liminaire de « Complainte de Vincent » de Prévert *(Paroles)* : « À Arles où roule le Rhône », la double allitération en liquides [r] et [l], et l'assonance en [u] font entendre, dans la chair même du texte, le grondement du fleuve. Mais s'en tenir là serait réducteur, et il faut toujours s'efforcer de penser les sonorités aussi bien que le rythme en relation avec le sens global — et donc pluriel, puisqu'il intègre tous les niveaux —, l'enjeu du poème. Ce vers commence aussi par un hiatus délibéré (« À Arles) et il est impair (on le scandera : « À Arl(es)/ où rou / le le Rhône » : 2 + 2 + 3 = 7) : deux moyens de nous faire pénétrer dans un univers discordant, et il l'est parce que, comme le montre la suite de ce poème sublime, le monde (fleuve, soleil) déborde de toutes parts la société des hommes et excède même la faculté qu'a l'artiste d'en exprimer les forces.

Ne pas oublier qu'en dernière instance tous ces attributs du texte poétique valent par les **régularités** qu'ils introduisent, ce qui nous renvoie à la fonction ultime de la littérature qui est de fabriquer un monde-bis, harmonieux, où désir et réel se conjoignent. Leur absence dans la poésie

7. Sartre, *op. cit.*, pp. 17-20.

moderne ne contredit pas cette loi ; elle oblige seulement à l'interpréter dialectiquement : le texte éclaté de la poésie contemporaine s'efforce d'intégrer — pour l'apprivoiser — une réalité dont la vérité serait d'être étrangère à un ordre rassurant mais édulcorant, et du même coup d'ouvrir dans ce texte-monde des voies toujours plus libres — et vertigineuses — au désir.

Principe d'équivalence et parallélismes

On connaît la définition que Roman Jakobson a donnée de la fonction poétique du langage : « La fonction poétique projette le principe d'équivalence de l'axe de la sélection [paradigmatique] sur l'axe de la combinaison [syntagmatique]. L'équivalence est promue au rang de procédé constitutif de la séquence[8]. » Ce qui veut dire qu'en poésie le langage tend à se prendre lui-même pour objet (telle est l'**autotélicité** du discours poétique), la construction de l'énoncé étant commandée non plus (seulement) par le souci de délivrer, par exemple, une information (le langage cessant d'être instrumental, sa fonction référentielle s'estompant), mais par la **reprise** délibérée d'éléments équivalents, et ce à différents niveaux : syntaxique, sémantique, rythmique, phonique.

C'est ce mécanisme qui fonde par exemple le jeu phonique de l'allitération et de l'assonance. Dans le vers du poème déjà cité de Char : « L'été / et notre vie // étions / d'un seul tenant », le phonème [t] figure dans chacune des quatre mesures, le phonème [e] au début de chaque hémistiche : ainsi sont projetés et combinés sur l'axe syntagmatique du vers un paradigme prosodique (les quatre mesures) et un paradigme phonique.

Un tel fonctionnement introduit donc de multiples **parallélismes** : au niveau grammatical (par exemple dans ce vers de Racine : « Tout m'afflige et me nuit et conspire à me nuire », les accents portent tous sur un verbe) comme au niveau sémantique : dans ce vers, « les verbes appartiennent tous au lexique de l'agression » (Adam, 1989, p. 79).

8. *Essais de linguistique générale,* Paris, éd. de Minuit, 1966, p. 220.

La dislocation des signes et des stéréotypes

Traité comme une chose, le mot poétique est bricolé et tend à être décomposé en ses constituants, syllabes et phonèmes ; ceux-ci, à leur tour, s'inscrivent dans des réseaux de sens — des isotopies — foisonnants qui bousculent la linéarité syntagmatique des énoncés, obligeant à une lecture ludique, qui tire sa jouissance de ce parcours dans le labyrinthe sans fin des sens. Prenons le poème de Char. Deux noms propres y ont exactement ce statut. Le nom-titre d'abord, « Evadné », qui fonctionne comme un générateur dans la mesure où y sont concentrés et imbriqués les principaux motifs qui vont être développés et croisés dans le poème (Eve et Adam, évadé, né, éden). « Mau-bec » ensuite, où on décèle le problème de la parole mauvaise, « bec » se reliant d'autre part à « corbeau », etc.

En somme, le poème brise les formes du langage pour laisser sa chance au désir, qui est désir de se perdre, de transgresser les limites (celles aussi du sens institué). C'est pourquoi un aspect complémentaire de la poéticité est la subversion des stéréotypes. La poésie d'un Prévert en offre mille exemples. Qu'on relise le catalogue initial de « Tentative de description d'un dîner de têtes à Paris-France » *(Paroles)* et l'on rencontrera quantité de clichés (fragments d'idéologie pétrifiée) déformés, retournés dans une entreprise libératrice : « Ceux qui volent des œufs et n'osent pas les faire cuire » (croisement du proverbe « Qui vole un œuf vole un bœuf » avec l'expression populaire « Va te faire cuire un œuf ») ; « Ceux qui mamellent de la France » (« Labourage et pâturage sont les deux mamelles de la France »), etc.

Au total, le commentaire mettra en évidence la **libre circulation du sens** que crée l'écriture poétique. Le plaisir spécifique que procure le poème vient de la perception de cette irradiation du sens, qui rayonne *en tous sens* à partir de foyers multiples et combinés. Telle est la **signifiance** du poème.

Cette absence de centre, cette rébellion contre la linéarité, cette tension généralisée expliquent que le texte poétique soit « réglé en « surface » et non plus super-structurellement » (Adam, 1987, p. 77).

2.6 Les textes théâtraux

Un texte pluriel

Une pièce de théâtre est doublement plurielle :

— Didascalies et texte des répliques. On appelle didascalies tout ce qui, dans le texte, n'est pas destiné à être prononcé : liste des personnages, leur nom en tête de chaque réplique, indications scéniques. Elles sont imprimées en petits caractères italiques. La proportion qu'elles représentent par rapport à l'ensemble du texte mérite toujours d'être observée et commentée. Peu abondantes dans le théâtre classique, elles se développent chez Beaumarchais puis dans le drame romantique (voir par exemple la description du décor dans le premier acte du *Ruy Blas* de Hugo) et finissent par occuper une large place dans le théâtre contemporain. Il suffit de parcourir *En attendant Godot* de Beckett (1952) pour s'en convaincre.

Seules les répliques sont dites par les acteurs lors de la représentation. Cependant, celle-ci est également conditionnée par les didascalies : décor, costumes, gestes, mimiques, jeux de scène, éclairage y sont décrits, parfois avec une grande précision.

— Pluriel, le texte théâtral l'est aussi parce qu'il comporte **plusieurs types de séquentialité**, ce qui influe sur son analyse. Si le type dialogal-conversationnel constitue évidemment la dominante, on y rencontre d'autres séquences :

- argumentative, dès lors qu'un dialogue a pour objet la confrontation de deux thèses opposées : par exemple, dans *Cinna* de Corneille (II, 1), Cinna et Maxime essaient de convaincre Auguste, le premier de conserver l'empire, le second d'abdiquer au profit de la république ;
- narrative : il est fréquent qu'un personnage fasse le récit d'un événement qui s'est produit hors scène. Un exemple : le célèbre récit que Théramène fait à Thésée de la mort d'Hippolyte dans *Phèdre* de Racine (V, 6) ;
- poétique : sans qu'on puisse dans ce cas parler de séquence, toute pièce en vers met néanmoins en œuvre les ressources du type poétique.

Une multiplicité de signes

La représentation combine des systèmes de signes différents : visuels (gestes, décors, accessoires, costumes, éclairages) ; sonores (bruitages, musique) ; verbaux (répliques). Les trois catégories sont présentes dans la dernière scène de *Dom Juan* : outre les dialogues, on a en effet le « tonnerre [qui] tombe avec un grand bruit » (bruitage) ainsi que des « éclairs » et de « grands feux » (effets spéciaux).

Ces signes sont indiqués soit par les dialogues : dans le final de *Dom Juan* (6), c'est une réplique de Sganarelle qui nous apprend que l'apparition se déplace, puisqu'il s'écrie : « c'est un spectre : je le reconnais au marcher » ; soit par les didascalies : ce sont elles qui, dans la même scène, nous renseignent sur l'aspect du Spectre (« *en femme voilée* »), et sur sa métamorphose (« *Le Spectre change de figure, et représente le Temps avec sa faux à la main*. »). Il peut d'ailleurs y avoir redondance de l'information (Sganarelle : « O Ciel ! voyez-vous, Monsieur, ce changement de figure ? »). Certains signes, enfin, peuvent ne figurer qu'« en creux ». Il appartient au metteur en scène et aux acteurs de convertir ces trois sortes d'indications, qu'ils trouvent ou décèlent dans le texte, en signes lisibles sur la scène par le spectateur. Le commentaire, lui, repère et exploite tous ces indices.

Temps et espace

Ils sont doubles au théâtre : temps (environ deux heures) et espace (lieu scénique) de la représentation ; temps (limité à vingt-quatre heures par les règles du théâtre classique, il peut s'étirer dans les œuvres modernes sur plusieurs mois ou années) et espace de l'action (celui-ci se dédoublant en *espace dramatique*, figuré sur la scène, et *espace virtuel*, suscité hors scène par le geste ou le discours des personnages (le « chemin de Mycènes », longeant la mer, évoqué par Théramène dans son récit et sur lequel Hippolyte a péri). La temporalité de l'action est nécessairement soumise à un découpage — même l'unité de temps classique, qui tend à épouser la durée réelle de l'action, ne dispense pas les auteurs de procéder à des ellipses, entre les actes.

Une double communication

Elle est le propre du discours théâtral. Tout personnage s'adresse en effet à un ou plusieurs autres personnages et simultanément au public. L'existence de ce double destinataire a toutes sortes de conséquences notables sur le texte. Nécessité d'abord d'informer le spectateur sur l'état de la situation au moment où, le rideau se levant, il la découvre ; c'est ce qui motive la ou les scènes d'exposition qui renseignent sur l'identité des personnages, le lieu — en concurrence relative avec le décor —, l'époque, le problème posé. La scène d'exposition propose également un pacte implicite au spectateur — comme le fait le début de roman au lecteur — en lui dévoilant le genre, la tonalité de la pièce mais aussi son intention de respecter ou non les codes en vigueur. La première réplique de *En attendant Godot* : « Rien à faire. », est tout un programme : c'est la négation brutale de l'action dramatique.

Autres conventions relevant de la même nécessité : le monologue (un personnage est censé exprimer à voix haute ses impressions ou réactions, alors qu'il est seul en scène ; en fait, il renseigne le public) mais aussi l'aparté et, dans le théâtre classique, la présence de confidents. Le monologue final de Sganarelle tire pour le spectateur la leçon du drame qui vient de se produire (6/3.3).

Les personnages

— Comme dans le roman, ils occupent une position actantielle, qui peut varier au cours de l'action. L'étude d'une scène doit chercher à cerner le rôle actantiel des personnages. Au dénouement, Don Juan, en position de sujet, atteint l'objet de sa quête (la Totalité) sous la forme paradoxale ou plutôt tragique de la mort (6/2.2).

— On passe du statut abstrait d'actant à celui, individualisé, de personnage par la médiation d'une psychologie et d'un caractère, lesquels sont, dans une certaine mesure, tributaires de figures déjà théâtralisées, c'est-à-dire de modèles hérités, voire stéréotypés : c'est ce qu'on appelle des types ou des emplois (le jeune premier, la soubrette délurée, le valet débrouillard...). Jusqu'à quel point l'auteur cède-t-il, dans la conception de son personnage, à cette pression (cet horizon d'attente) ? Dans quel mesure tire-t-il parti au contraire d'une subversion de ces modèles ? Sganarelle est un type de valet hérité d'une tradition. Il serait intéressant d'examiner comment

Molière transcende ce type dans *Dom Juan* pour en faire un vrai personnage, ne se réduisant nullement à des traits caricaturaux.

— L'absence d'un narrateur au théâtre, c'est-à-dire d'une voix et d'un point de vue autorisés, entraîne l'existence d'une multiplicité de points de vue, chaque personnage de quelque importance présentant le sien. D'où la marge de manœuvre très largement laissée à l'*interprétation*. Une pièce comme *Dom Juan* a pu donner lieu à quantité d'interprétations différentes, voire divergentes.

Identification ou distanciation ?

La tradition héritée d'Aristote voit dans la pièce de théâtre l'occasion pour le public d'une *catharsis*, c'est-à-dire d'une purgation des passions : en s'identifiant au personnage en crise, le spectateur vit le crime ou l'inceste par procuration et ainsi se délivre de ses tendances asociales. A l'opposé, Brecht et ses successeurs sont partisans de casser le mécanisme de l'identification en exhibant les artifices de la représentation (donc en sabotant la *mimésis*, l'illusion théâtrale), de façon à créer un effet de **distanciation** qui favorise l'exercice de l'esprit critique à propos du problème (social, politique) *joué*. Remarquons qu'on discerne déjà dans Molière cette tendance à prendre du recul par rapport aux codes théâtraux et surtout idéologiques pour les donner à lire comme tels (6/1.2, 1.3 et 3.3).

2.7 Les textes argumentatifs

Des textes hétérogènes

Leur dominante séquentielle est certes argumentative, mais ces textes peuvent intégrer des structures :

— dialogales-conversationnelles (le débat est conduit sous forme de dialogue, comme dans les dialogues, précisément, de Platon ; qu'on songe aussi aux *Lettres persanes* de Montesquieu) ;

— explicatives-expositives (le texte semble apporter des informations objectives) ;

— narrative (un récit est utilisé comme exemple ou comme preuve ; 7/1.1 et 2.1).

La « super-structure » argumentative

Proposée par J.-M. Adam (1987, pp. 69-71), elle permet de décrire la démarche logique de tout texte argumentatif (attention : certains de ses éléments peuvent être sous-entendus) :

Thèse antérieure ——> PRÉMISSES (fondement de la démonstration) ——> ARGUMENTS ——> CONCLUSION ——> Nouvelle thèse.

La présence de deux thèses opposées est en effet impliquée par tout texte argumentatif, qui présente donc un « caractère fondamentalement *dialogique*» (Boissinot, p. 12). D'où la nécessité toute particulière d'examiner le système d'énonciation de ce type de textes (voir ci-dessus 2.2, ainsi que 7/1.3). Soit « La dent d'or ». La thèse antérieure (qu'il s'agit de réfuter) est rappelée sous une forme négative dans la première phrase qui constitue une prémisse : « Assurons-nous bien du fait [*prémisse*], avant que de nous inquiéter de la cause [*thèse antérieure*]. » Puis vient une chaîne d'arguments : d'abord un raisonnement (« Il est vrai que... »), puis un récit qui sert à prouver l'absurdité de la démarche non scientifique (histoire de la dent d'or) ; récit qui débouche sur une conclusion ; elle consiste ici en la négation de la thèse opposée, tournée en dérision (« mais on commença par faire des livres, et puis on consulta l'orfèvre »). La nouvelle thèse, qui confirme la prémisse, reste implicite : seule la méthode expérimentale est correcte.

L'organisation de surface

— L'articulation logique du propos se marque par les **connecteurs logiques**, adverbes et conjonctions de coordination exprimant les principales relations logiques : addition (puis, et, bien plus, d'ailleurs, de plus, etc.) ; disjonction (ou, soit que... soit que, tantôt... tantôt, etc.) ; opposition (mais, pourtant, toutefois, en revanche, etc.) ; cause (car, en effet, c'est-à-dire, etc.) ; conséquence (donc, c'est pourquoi, par conséquent, etc.).

De ces outils assurant l'enchaînement logique des énoncés, on distinguera les **connecteurs argumentatifs** qui, eux, peuvent « lier des entités hétérogènes : un énoncé et une énonciation, un fait extralinguistique et un énoncé, un élément implicite et un élément explicite, etc. » et qui « confèrent un *rôle* argumentatif aux unités qu'ils mettent en relation[9] ». On interprétera dans ce sens le « mais » argumentatif qui ouvre la phrase finale du texte de Fontenelle.

— La progression thématique présente trois modalités assurant la cohérence textuelle (voir bibliographie, Combettes, pp. 90-104) :

- la progression linéaire : le « thème » d'une phrase (l'élément déjà connu) est emprunté au « rhème » (ou propos : l'information nouvelle) de la précédente ;
- la progression à thème constant : un même thème revient d'une phrase à l'autre, assorti chaque fois d'un rhème différent ;
- la progression à thèmes dérivés (ou « à thème éclaté ») : les thèmes successifs sont dérivés d'un hyperthème initial dans lequel ils sont inclus. C'est ce qui se produit dans les descriptions qui énumèrent, comme on l'a vu, les parties d'un tout.

Ces trois modes d'enchaînement se combinent dans la plupart des textes de quelque longueur (voir 7/1.2 et 2.3).

Les divers types d'arguments

On distinguera notamment : l'assertion (et sa variante : la définition) ; les conseils et injonctions ; le raisonnement logique : à côté du syllogisme, raisonnement par déduction en trois temps, on rencontre souvent l'enthymème, qui en est une forme incomplète ; au slogan : « Nous vaincrons parce que nous sommes les plus forts. », il manque la prémisse majeure (les plus forts sont toujours vainqueurs), passée sous silence parce que discutable ; les exemples, les citations, le recours à une autorité, les statistiques ; les fables, exemples inventés pour les besoins de la cause (cas de « La dent d'or »).

La polyphonie énonciative

Cette notion très utile pour le commentaire — et pas seulement pour celui de l'argumentation — recouvre ces énoncés où, dans le discours d'un même émetteur, se laissent entendre d'autres « voix » que la sienne.

9. D. Maingueneau, *Pragmatique pour le discours littéraire*, Bordas, 1990, pp. 55 et 54.

Compte tenu de la nature fortement dialogique des textes argumentatifs, on comprend que la polyphonie y joue un grand rôle (7/2.2). Mais elle est utilisée aussi dans le roman (1/1.3 et 2/1.2).

Signalons qu'on s'attache désormais à rendre compte de l'**ironie** dans une perspective polyphonique (7/3.3) : « Parler de façon ironique, cela revient, pour un locuteur L, à présenter l'énonciation comme exprimant la position d'un énonciateur E, position dont on sait par ailleurs que le locuteur L n'en prend pas la responsabilité et, bien plus, qu'il la tient pour absurde. » (O. Ducrot, cité par Maingueneau, *op. cit.*, p. 79).

Le commentaire composé à l'épreuve anticipée de français

Depuis1996, le deuxième sujet d'écrit de l'épreuve anticipée de français du baccalauréat s'intitule « commentaire littéraire ». Il fait précéder le commentaire composé — noté sur 16 points, **ses règles demeurent inchangées** — de « deux ou trois questions d'observation du texte » — notées sur 4 points ; les réponses doivent être entièrement rédigées. Se substituant au libellé, elles « sont avant tout de l'ordre du repérage et de l'examen méthodique. Elles ont pour fin de guider l'investigation et d'ouvrir des perspectives sur le fonctionnement et l'interprétation du texte, qui seront pris en compte dans la seconde partie de l'épreuve. » [10]

Ces questions ressortissent à la démarche de la *lecture méthodique*, laquelle est « une explication de texte consciente de ses démarches et de ses choix [11] » : partant d'une *observation* systématique des formes du texte en fonction du genre et du type auxquels il appartient — c'est-à-dire lui posant les questions pertinentes qu'on vient de présenter —, elle construit graduellement le sens du texte comme tissu en formulant puis en vérifiant des hypothèses de lecture propres à manifester et à *faire parler* la convergence des faits textuels repérés.

On trouvera un exemple de ce dispositif dans le commentaire 2 (questions et réponses p. 51).

---

10. *Français, classes de seconde, première et terminale*, CNDP, 1995, p. 50.
11. *Ibid.*, p. 34. Voir aussi p. 19-20.

COMMENTAIRE 1

Balzac
Le Père Goriot, Incipit

Madame Vauquer, née de Conflans, est une vieille femme qui, depuis quarante ans, tient à Paris une pension bourgeoise établie rue Neuve-Sainte-Geneviève, entre le quartier latin et le faubourg Saint-Marceau. Cette pension, connue sous le nom de la Maison-Vauquer, admet également des hommes et des femmes, des jeunes gens et des vieillards, sans que jamais la médisance ait attaqué les mœurs de ce respectable établissement. Mais aussi depuis trente ans ne s'y était-il jamais vu de jeune personne, et pour qu'un jeune homme y demeure, sa famille doit-elle lui faire une bien maigre pension. Néanmoins, en 1819, époque à laquelle ce drame commence, il s'y trouvait une pauvre jeune fille. En quelque discrédit que soit tombé le mot drame par la manière abusive et tortionnaire dont il a été prodigué dans ces temps de douloureuse littérature, il est nécessaire de l'employer ici : non que cette histoire soit dramatique dans le sens vrai du mot ; mais, l'œuvre accomplie, peut-être aura-t-on versé quelques larmes *intra muros* et *extra*. Sera-t-elle comprise au-delà de Paris ? le doute est permis. Les particularités de cette scène pleine d'observations et de couleurs locales ne peuvent être appréciées qu'entre les buttes de Montmartre et les hauteurs de Montrouge, dans cette illustre vallée de plâtras incessamment près de tomber et de ruisseaux noirs de boue ; vallée remplie de souffrances réelles, de joies souvent fausses, et si terriblement agitée qu'il faut je ne sais quoi d'exorbitant pour y produire une sensation de quelque durée. Cependant il s'y rencontre çà et là des douleurs que l'agglomération des vices et des vertus rend grandes et solennelles : à leur aspect, les égoïsmes, les intérêts, s'arrêtent et s'apitoient ; mais l'impression qu'ils en reçoivent est comme un fruit savoureux promptement dévoré. Le char de la civilisation, semblable à celui de l'idole de Jaggernat, à peine retardé par un cœur moins facile à broyer que les autres et qui enraie sa roue, l'a brisé bientôt et continue sa marche glorieuse. Ainsi ferez-vous, vous qui tenez ce livre d'une main blanche, vous qui vous enfoncez dans un moelleux fauteuil en vous disant : Peut-être ceci va-t-il m'amuser. Après avoir lu les secrètes infortunes du père Goriot, vous dînerez avec appétit en mettant votre insensibilité sur le compte de l'auteur, en le taxant d'exagération, en l'accusant de poésie. Ah ! sachez-le : ce drame n'est ni une fiction, ni un roman. *All is true,* il est si véritable, que chacun peut en reconnaître les éléments chez soi, dans son cœur peut-être.

H. de Balzac, *Le Père Goriot* (1835),
GF, Flammarion, 1966, pp. 25-26.

1. UN DÉBUT DE ROMAN PIÉGÉ

1.1 La mise en texte : rhétorique de l'ouverture ?

On sait qu'un des moyens les plus efficaces du roman réaliste pour assurer en douceur le passage du hors texte (le monde) au texte romanesque (dont les lois sont étrangères à celles qui régissent le réel) est de fournir au lecteur trois repères stables en répondant d'emblée aux trois questions : où cela se passe-t-il ? quand ? avec qui ? L'*incipit* du *Père Goriot* semble d'abord se plier de bonne grâce à la règle.

La première phrase définit en effet sagement un lieu narratif. Conformément au code réaliste, le lieu de la fiction — la pension Vauquer — est d'abord référé à un espace réel identifié par un toponyme universellement connu : « à Paris ». Puis il est plus précisément délimité par le nom d'une rue qui existait alors, la « rue Neuve-Sainte-Geneviève » (aujourd'hui rue Tournefort, dans le cinquième arrondissement). Non sans que deux jalons plus familiers viennent garantir l'inscription de l'espace fictif dans Paris : « entre le quartier latin et le faubourg Saint-Marceau ». Ainsi le romancier s'ingénie-t-il à donner au cadre imaginaire de son récit la caution de repères et de toponymes réels. L'illusion réaliste est complétée par l'apposition « connue sous le nom de la Maison-Vauquer » : une telle prétendue notoriété implique des garants (même s'ils sont eux-mêmes imaginaires) de l'existence de la pension.

Deux indications ancrent la fiction dans l'Histoire : la propriétaire est établie là « depuis quarante ans » et surtout l'action commence « en 1819 ». Enfin le texte paraît répondre sur-le-champ à la question « qui ? » puisque les premiers mots en sont « Madame Vauquer », le personnage recevant en outre une caractérisation assez complète : sexe, âge (elle est « vieille »), origine sociale (« née de Conflans », elle aurait appartenu à l'aristocratie), profession (elle tient une « pension bourgeoise »).

Ce début si docile s'explique sans doute par le fait que *Le Père Goriot* fut d'abord conçu « comme une nouvelle pour revue[1] ». La première phrase s'en ressent : « c'est un début de nouvelle (le premier projet de Balzac) qui annonce un récit linéaire et peut-être "sobre"[2] ».

Un examen attentif révèle cependant que Balzac regimbe bien vite devant un moule narratif trop étroit.

1.2 Une rhétorique malmenée

Le lieu

Le réalisme du lieu est bientôt débordé par un fort investissement symbolique. Outre qu'il est englobé dans le mythe balzacien de Paris (cf. *infra* 3.3), le quartier devient, au paragraphe suivant, une zone d'enfermement (« les murailles y sentent la prison ») et même le point de départ d'une descente aux enfers.

Le temps

Le traitement du temps mérite examen. Balzac avait d'abord écrit : « Madame Vauquer, née de Conflans, *était* une vieille femme qui, *depuis trente ans, tenait* à Paris une pension bourgeoise [...][3]. » Il a ensuite modifié son attaque en substituant le présent à l'imparfait et « quarante ans » à « trente ans » (durée confirmée un peu plus loin à propos du salon sur les murs duquel est

1. P. Barberis, *Le Père Goriot* de Balzac, Larousse-Université, coll. « Thèmes et Textes », 1972, p. 17.
2. *Ibid.*, p. 122.
3. *Ibid.*, p. 130.

représenté un somptueux banquet : « Depuis quarante ans, cette peinture excite les plaisanteries des jeunes pensionnaires [...] [4]». Il en résulte un écart chronologique entre le moment actuel où le narrateur évoque, au présent de l'énonciation, la pension Vauquer (elle est telle aujourd'hui, à l'heure où moi, narrateur, je vous la décris) et l'« époque à laquelle » l'histoire narrée a commencé, soit « en 1819 ». On observe cependant un curieux entrelacement des temps verbaux : « Cette pension *admet* également des hommes et des femmes [...]. Mais aussi depuis trente ans ne s'y *était-il jamais vu* de jeune personne, et pour qu'un jeune homme y demeure, sa famille *doit*-elle lui faire une bien maigre pension. Néanmoins, en 1819, époque à laquelle ce drame *commence*, il s'y *trouvait* une pauvre jeune fille. » La longue digression qui suit est rédigée au présent (« il est nécessaire... ne peuvent être appréciées... »), un présent qui persiste ensuite dans la description du quartier, puis de l'établissement lui-même et s'étend enfin au portrait de sa propriétaire : « Cette pièce est dans tout son lustre au moment où, vers sept heures du matin, le chat de Madame Vauquer précède sa maîtresse [...]. Bientôt la veuve se montre [...] » (p. 30). Pourtant on est bien *passé* à l'époque du « drame » puisque la veuve est dite alors âgée « d'environ cinquante ans » et que, *actuellement*, elle en a nécessairement au moins soixante. Ce n'est qu'à la faveur d'une interrogation du narrateur sur feu son époux que le récit s'énonce enfin — et continue alors de s'écrire — au passé : « Qu'avait été monsieur Vauquer ? Elle ne s'expliquait jamais sur le défunt » (*ibid.*) etc.

Est signifiée par cette étonnante imbrication du présent et du passé la **permanence** du microcosme qu'est la « pension bourgeoise » (« Une réunion semblable devait offrir et offrait en petit les éléments d'une société complète », p. 37) et de ce qu'elle représente, à savoir une société fondée sur la « spéculation » (*ibid.*) et qui broie les individus. Les personnages du « drame » ont été détruits ; écrasés par le « char de la civilisation », ils appartiennent au passé : le père Goriot n'est plus, Mme de Beauséant, trahie, s'est exilée, Vautrin a été arrêté, le pur jeune homme, en Rastignac, est mort (« il regarda la tombe [de Goriot] et y ensevelit sa dernière larme de jeune homme », p. 253), remplacé par un arriviste cynique. Mais la pension et

4. Édition GF, Flammarion, 1966, p. 28 : c'est dans cette édition que nous citerons le texte du roman.

Mme Vauquer demeurent. C'est pourquoi elles participent textuellement des deux temps : elles sont à la fois dans le drame de 1819 et dans l'actualité (où la même tragédie se rejoue sans cesse, *au présent*), dont elles symbolisent l'implacable et sordide férocité.

Les personnages

L'unicité du « héros de roman » éclate enfin sous la pression du foisonnement et de la complexité du réel que le roman nouveau entend bien exprimer, fût-ce au prix d'un bouleversement des codes narratifs. En plus de la veuve, ce début mentionne en effet trois autres personnages. Le « jeune homme » à la « maigre pension » est une amorce d'Eugène de Rastignac ; quant à la « pauvre jeune fille », le lecteur apprendra bientôt qu'elle se nomme Victorine Taillefer. L'anonymat provisoire des deux **jeunes** gens fait sens : il n'y a pas de place pour le désir des êtres jeunes dans un monde où « la joyeuse jeunesse [est] contrainte à travailler » (p. 26) et où les vieux comme Mme Vauquer tirent les ficelles. Le « père Goriot », lui, est désigné par son nom qui servait déjà de titre — concession de Balzac à la polarisation de l'univers romanesque autour d'un personnage central ; mais le titre s'explique aussi et surtout par le mythe qu'illustre le roman et que Goriot incarne simplement plus exemplairement que les autres, celui de l'anéantissement du sentiment et de la perversion de la passion dans la société moderne. Significatif à cet égard est le fait que ces trois personnages de victimes (Rastignac n'échappera à ce sort qu'en mourant à lui-même) sont encadrés, dans l'espace du texte, par deux mentions symétriques de « madame Vauquer ».

On voit donc que Balzac installe d'emblée une pluralité d'actants sujets potentiels, ce qui va le conduire à intégrer à son roman certaines propriétés du genre théâtral.

Il est loisible d'ailleurs de considérer qu'un personnage supplémentaire fait son apparition dans l'*incipit* : le narrateur lui-même, en tant qu'il intervient ouvertement dans son récit. Or il s'adresse directement au lecteur, comme on le verra, pour l'inviter à voir les choses comme elles sont. Telle quelle, son intervention préfigure le prodigieux discours initiatique que Vautrin adressera à Rastignac (pp. 106-116). Ainsi cet autre protagoniste est-il lui aussi présent ici, sur le mode clandestin, intraitable et subversif qui caractérisera la belle figure romantique de l'ange révolté, double satanique de l'écrivain, « l'archange déchu qui veut toujours la guerre » (p. 186).

1.3 L'esquisse d'un programme narratif : la conquête d'un savoir

Le programme de Rastignac

Tout *incipit* romanesque présente une situation initiale caractérisée par un **manque**. Sur cette base s'élabore un programme narratif en forme de quête de l'objet manquant. Dans ce premier paragraphe, le manque se manifeste sous deux formes, d'ailleurs solidaires, comme la suite du récit le confirmera. Il y a d'une part la gêne dans laquelle se trouve le jeune étudiant réduit à une « maigre pension ». Donc le premier séjour de Rastignac à Paris attisera en lui le « désir de parvenir » (p. 49). Mais il prendra vite conscience que pour atteindre ce but il doit d'abord s'initier aux mœurs parisiennes. C'est ainsi notamment qu'il lui faudra « parfaitement bien connaître son échiquier avant de tenter l'abordage de la maison Nucingen » (p. 94). La connaissance des lois cachées de la société remplace donc provisoirement la réussite sociale comme objet de sa quête. Or cet objet-là est lui aussi mentionné par le texte : ce sont « les *secrètes* infortunes du père Goriot », en tant qu'elles sont emblématiques du fonctionnement de la société nouvelle.

Rastignac sera l'instrument d'un dévoilement visant un autre destinataire, ce lecteur qui pénétrera à son tour les secrets au fil du livre : « Sans ses observations curieuses et l'adresse avec laquelle il sut se produire dans les salons de Paris, ce récit n'eût pas été coloré des tons vrais qu'il devra sans doute à son esprit sagace et à *son désir de pénétrer les mystères* d'une situation épouvantable » (pp. 31-32).

Le secret de Madame Vauquer

La veuve serait « née de Conflans », donc de famille aristocratique (un marquis de Conflans siégeait à la Chambre des Pairs). D'être placée au seuil du roman, cette épithète acquiert une importance particulière. Elle est ensuite reprise deux fois, dans des contextes qui en éclairent la portée et la tonalité. Le jardin de la pension est planté de « tilleuls, mot que Madame Vauquer, quoique née de Conflans, prononce obstinément *tieuilles,* malgré les observations grammaticales de ses hôtes » (p. 27) : soulignant l'incompatibilité entre prononciation et origine sociale, le narrateur jette sur celle-ci le doute. Plus loin, la veuve, alléchée par les restes de fortune de Goriot, brûle de se faire épouser par lui nonobstant sa basse extraction : « Dès ce jour, madame

Vauquer, née de Conflans, [...] eut des idées » (p. 39). En outre, du rapprochement de certains indices, P. Barberis conclut que madame Vauquer « est soit une ancienne fille, soit une ancienne tenancière de maison de prostitution, soit une ancienne « marieuse » qui aspire à la bourgeoisie, mais qui a gardé des réflexes et des habitudes [5] ». Ce qui explique le soupçon que le narrateur insinue en feignant de l'écarter à propos de la mixité de la pension (ancienne maison de rendez-vous ?) : «... sans que jamais la médisance ait attaqué les mœurs de ce respectable établissement », « respectable » étant donc ironique.

Dès lors il est clair que l'épithète « née de Conflans » relève de la polyphonie. On s'aperçoit en effet après coup que le véritable « énonciateur » de ces trois mots ne peut être que madame Vauquer elle-même, le narrateur se faisant donc l'interprète de ses prétentions mensongères, ironiquement.

Ce passage d'une pseudo-ascendance noble à une vulgaire condition roturière se donne à lire comme la formule grotesque de la dégradation des valeurs aristocratiques en mentalité « bourgeoise ». Et c'est bien le problème de la **valeur** qui se trouve ainsi brutalement posé : dans le patronyme « Vauquer » on lit quelque chose comme « [ne] vaut guère ». Que ce nom soit emprunté par Balzac à une famille de Tours ne change rien à l'affaire. Cela double simplement la dégradation socio-historique d'une autre forme de déchéance : celle qui échange la province, conservatoire des valeurs authentiques, contre Paris, lieu emblématique d'une modernité maladive.

C'est ainsi que, d'emblée, le lecteur est implicitement invité à jouer le rôle qui sera celui de Rastignac, en apprenant à déchiffrer les signes de la réalité contemporaine.

2. Un contrat de lecture novateur

2.1 Narrateur et narrataire

Une digression en forme de préface

Les deux derniers tiers de ce paragraphe (à partir de « En quelque discrédit... ») sont consacrés à une longue digression. Mû par une sorte d'impatience, le narrateur interrompt le récit à peine entamé pour faire entendre sa

5. *Op. cit.*, p. 203.

propre voix. Outre les temps du discours (présent : « le doute est permis » ; futur : « Sera-t-elle comprise » ; passé composé : « il a été prodigué »), les marques de l'énonciation sont nombreuses. Déictiques : la première personne dans « je ne sais quoi », la deuxième personne (« Ainsi ferez-vous, vous qui tenez ce livre ... ») combinée avec l'impératif, lui-même assorti d'une interjection : « Ah ! sachez-le » ; un démonstratif : « dans *ces* temps de douloureuse littérature » ; un adverbe : « il est nécessaire de l'employer *ici*». Modalisateurs : auxiliaires de mode (« sa famille *doit*-elle », « il est nécessaire », « ne *peuvent* être appréciées ») ; adverbes : « peut-être », « terriblement » ; adjectifs : « une *pauvre* jeune fille », « la manière abusive et tortionnaire », « exorbitant », etc.

Cette intrusion a curieusement des allures de préface : le narrateur y intervient dans le débat littéraire de l'époque (contre le drame romantique), s'interroge sur la réception de son livre, interpelle le lecteur (« Ainsi ferez-vous ... ») ou plus exactement le narrataire, pour s'efforcer de l'impliquer dans le « drame » qui commence. Reprenant les catégories proposées par Gérard Genette dans *Figures III* (1972), on dira que deux fonctions du narrateur sont ici combinées : la fonction de communication (il s'adresse au narrataire et tente de l'influencer) et la fonction idéologique (il se livre à un commentaire sur son texte à propos du genre auquel il convient de le rapporter).

En intégrant ainsi un discours typiquement préfaciel au corps même du texte, Balzac fait subir aux règles ordinaires du récit une nouvelle entorse. Il en bouscule les frontières. Or s'il fait éclater le moule romanesque, c'est qu'il le récuse comme trop étroit pour représenter la réalité nouvelle, sa profusion (on sait qu'en 1842, dans l'Avant-propos de *La Comédie humaine*, l'auteur proclamera son intention de « faire concurrence à l'état civil »), ses excès, sa monstruosité : « Mais Paris est un véritable océan. Jetez-y la sonde, vous n'en connaîtrez jamais la profondeur. Parcourez-le, décrivez-le ! quelque soin que vous mettiez à le parcourir, à le décrire ; quelque nombreux et intéressés que soient les explorateurs de cette mer, il s'y rencontrera toujours un lieu vierge, un antre inconnu, des fleurs, des perles, des monstres, quelque chose d'inouï, oublié par les plongeurs littéraires. La Maison Vauquer est une de ces monstruosités curieuses » (p. 34).

Mise en cause de l'*ethos* générique

Dans son entreprise de refonte des formes romanesques, Balzac est naturellement conduit à s'attaquer à l'***ethos*** du genre. Cette notion héritée de la rhétorique antique désigne les caractères moraux, le ton et la voix inséparables d'un texte donné. L'*ethos,* toutefois, ne concerne pas le seul émetteur mais englobe le destinataire : « Le texte construit un certain *ethos* de ce lecteur, il lui affecte divers traits, en fonction de son énonciation » (Maingueneau, *op. cit.*, p. 76). En outre, « les œuvres littéraires adoptent le plus souvent l'*ethos* attaché aux **genres** dans lesquels elles s'investissent. C'est précisément la fonction d'un genre que de définir *a priori* un système de contraintes sur la production et la réception des œuvres : quand on lit *Cinna* on lit aussi une tragédie classique » (*ibid.*).

Il est tout à fait remarquable que le narrateur refuse absolument d'endosser l'« exagération » et la « poésie » (de pacotille : dans la pension « règne la misère sans poésie », p. 29) qui sont le lot — qui définissent l'*ethos* — d'un certain type de romans à l'exotisme facile tels, « à l'époque de *Goriot,* les romans de Félix Davin, par exemple *le Crapaud,* avec son espagnolisme et ses culs-de-basse-fosse[6]». Et logique dès lors, en dépit du paradoxe, qu'il affirme : « ce drame n'est ni une fiction, *ni un roman*».

Quant au destinataire, il a d'abord été évoqué au moyen d'un « on » indistinct : « l'œuvre accomplie, peut-être aura-t-*on* versé quelques larmes *intra muros* et *extra*». Mais d'abord a été mise en doute la possibilité, pour un lecteur « hors des murs », c'est-à-dire hors de Paris, de comprendre une histoire étroitement liée à la Ville (amorce du mythe de Paris). L'éventail des lecteurs potentiels une fois restreint aux limites des « murs », le narrateur a dû alors tenir compte de l'« insensibilité » qu'y a généralisée la férocité ordinaire de « la civilisation » en décuplant « les égoïsmes, les intérêts ». Abandonnant donc l'hypothèse improbable d'un « on » accessible à la pitié, le narrateur s'en prend directement à un « vous » plus vraisemblable.

De ce lecteur uniquement soucieux de divertissement sans conséquences (« Peut-être ceci va-t-il m'amuser. »), il commence par offrir le portrait-robot : « vous qui tenez ce livre d'une main blanche, vous qui vous enfoncez dans un moelleux fauteuil ». Il n'est pas nécessaire de voir dans cette « main blanche » un signe de féminité. L'adjectif prend d'abord son sens à l'intérieur du système d'oppositions que construit le texte : il répond aux « ruisseaux *noirs* de boue » qui symbolisent, sur le mode hyperbolique, les sordides réalités parisiennes. En somme, Balzac dessine la figure d'un lecteur bourgeois, à

6. P. Barberis, *op. cit.*, p. 135.

l'abri de son confort matériel (connotation du « moelleux fauteuil ») et intellectuel (il ne conçoit le roman que comme un moyen d'évasion), un lecteur bien nourri qui n'a pas eu à *se salir les mains* dans le bourbier moderne : caricature vengeresse de l'*ethos* du lecteur-type de romans. Puis, de même qu'il invente la figure d'un narrateur *engagé* dans son récit, de même il oblige son lecteur à se conformer à une image plus **vraie** de lui-même : « ce drame [...] est si véritable, que chacun peut en reconnaître les éléments chez soi, dans son cœur peut-être ». S'il est exact que le dénominateur commun de toutes les intrigues qui s'entrecroisent dans *Le Père Goriot*, c'est la mort du sentiment dans une société où règne désormais l'intérêt, cette phrase qui clôt le paragraphe invite le lecteur à reconnaître dans sa propre famille (« chez soi ») et dans son propre cœur la même dégradation : « Tu le connais, lecteur, ce monstre délicat, / — Hypocrite lecteur, — mon semblable, — mon frère ! » (Baudelaire, *Les Fleurs du mal*, « Au lecteur »).

Ainsi Balzac entreprend-il de modifier l'*ethos* de son lecteur pour qu'il corresponde au roman nouveau en train de s'écrire.

2.2 De la contestation à l'intégration du « drame » : vers un roman total

Mais il entend aussi élargir les limites du genre. Tel est l'enjeu de la discussion sur « le mot drame ». Hyperbole et métaphore filée (« abusive et tortionnaire », qui se prolonge en « douloureuse ») sont les armes d'une polémique contre le **drame romantique** alors florissant. Balzac le rejette pour ses invraisemblances, comme il le précise plus loin : « Ces pensionnaires faisaient pressentir des drames accomplis ou en action ; non pas de ces drames joués à la lueur des rampes, entre des toiles peintes, mais des drames vivants et muets, des drames glacés qui remuaient chaudement le cœur, des drames continus » (pp. 32-33). À l'exotisme romantique de la « couleur locale », il oppose une « scène pleine d'observations et de couleurs locales » : le pluriel, garantie contre l'abstraction, promet une prise en compte méthodique par le roman des réalités concrètes inséparables de *lieux* déterminés (d'où les célèbres et exhaustives descriptions balzaciennes, comme celle de la pension Vauquer, qui va suivre).

Programme profondément réaliste, évidemment. Mais aussi volonté de récupérer au profit du roman non seulement la multiplicité des foyers actantiels propre au genre théâtral, seul instrument capable de restituer la prolifération sociale et la complexité des forces qui y sont engagées — et c'est là qu'on retrouve l'éclatement du « héros de roman » observé en commençant—, mais aussi sans doute *ce mélange des genres* par quoi d'abord se définit, pour Hugo, le drame romantique (dans la *Préface de Cromwell*, 1827), dans la mesure où il a pour vocation d'appréhender, grotesque et sublime mêlés, une réalité **totale**. Le roman nouveau est « drame » parce qu'il est la « scène » où se joue le réel dans toutes ses composantes. *La Comédie humaine* n'est-elle pas divisée en sous-ensembles baptisés « Scènes » (« de la vie privée », etc.) ?

Deux indices confirment que Balzac partage malgré tout certaines options du drame romantique. L'un est la citation de Shakespeare, « *All is true* » (c'est l'autre titre du *Henri VIII* de 1613). Or on sait que Shakespeare est une des principales références du théâtre romantique. Il est frappant enfin de constater que la métaphore pantelante du « cœur moins facile à broyer que les autres et qui enraie [la] roue » du « char de la civilisation » se retrouve peu d'années après, presque identique, sous la plume de Hugo dans *Ruy Blas* (III,5, vers 1449-1458).

2.3 Le réalisme balzacien : prosaïsme et vérité

Nouveau, ce roman l'est encore par son intention affichée ici d'intégrer des aspects du réel qui n'avaient jusqu'alors pas cours dans la littérature romanesque. Il ne reculera pas devant le prosaïque. Paris est vu **d'en bas** : « plâtras » (mauvais matériaux de construction) branlants, « ruisseaux noirs de boue ». Quant à Montrouge, « c'est ici la banlieue minable dans le prolongement du boulevard de Joseph Delorme[7]». Il n'est que de relire la description du salon et de la salle à manger de la pension (pp. 28-30) pour mesurer cette ouverture du champ romanesque au trivial, à l'écœurant, au sordide.

Ébranlement des codes romanesques, élargissement des frontières du genre, prise en charge du bas et du prosaïque : tels sont les trois facteurs qui font du *Père Goriot* un drame « véritable ».

7. P. Barberis, *op. cit.*, p. 135.

Mais on appauvrirait gravement le réalisme balzacien si l'on n'examinait pas, pour finir, sa dimension « visionnaire », pour reprendre le mot de Baudelaire. Cet *incipit* présente en effet certains éléments caractéristiques de la mythologie de l'auteur.

3. Réalisme visionnaire et mythologie balzacienne (plan)

3.1 La passion destructrice

Référence : le discours de l'antiquaire dans *La Peau de chagrin* (1831). Dans la société nouvelle, le sentiment est écrasé, le désir ne peut s'assouvir qu'en se détruisant. Image du « cœur » impitoyablement broyé. Symétriquement, les « égoïstes » — économes de leur désir — se repaissent, depuis des hauteurs symboliques, de la déperdition passionnelle d'autrui : opposition entre le haut (« les buttes de *Mont*martre », « les hauteurs de *Mont*rouge ») et le bas (la « vallée ») ; métaphore qui assimile le bénéfice prélevé sur les « douleurs » (celle de Goriot notamment) à « un fruit savoureux promptement dévoré ».

3.2 Une religion nouvelle

Important champ lexical religieux ici : « rue Neuve-*Sainte*-Geneviève », « faubourg *Saint*-Marceau » ; Paris, « vallée remplie de souffrances réelles » (intertexte biblique : la « vallée de larmes », c'est la vie) ; « vallée de plâtras incessamment près de tomber » (thème biblique de la cité corrompue menacée de destruction par la colère divine) ; « l'idole de Jaggernat », incarnation du dieu hindou Vichnou.

Référence : le discours de Vautrin dans *Illusions perdues*: « Votre Société n'adore plus le vrai Dieu, mais le Veau d'Or ! Telle est la religion de votre Charte, qui ne tient plus compte, en politique, que de la propriété[8]. »

L'argent est la nouvelle religion. C'est ce que suggère d'emblée l'implantation de la « pension bourgeoise » « rue *Neuve-Sainte*-Geneviève ». Cette reli-

8. Édition GF, Flammarion, p. 595.

gion a ses prêtres (Mme Vauquer, Nucingen), ses tables de la loi (Vautrin les révèle à Rastignac, l'écrivain au lecteur), ses martyrs. Le principal sera Goriot, « Christ de la Paternité » (p. 197).

3.3 Le mythe de Paris

Dans le roman, Paris est comparé tour à tour à un océan, un labyrinthe, un enfer, un champ de bataille, une jungle, un bourbier. Ce début contient plusieurs amorces de l'image visionnaire et apocalyptique de la Ville :
— Paris, un monde à part, sulfureux laboratoire des nouveaux rapports sociaux (« Sera-t-elle comprise au-delà de Paris ? »). Opposition Paris *vs* province ;
— la cité pervertie promise au châtiment ;
— le bourbier (véritable leitmotiv du roman) où l'on se perd après s'y être sali, à moins d'avoir su tirer son épingle du jeu, à l'instar de Rastignac, campé à la fin sur les hauteurs du Père-Lachaise.

C'est à ce grandissement mythologique de la société qu'il faut rapporter deux traits stylistiques remarquables du passage :
— l'omniprésence de la construction binaire (exemple : « les égoïsmes, les intérêts, s'arrêtent et s'apitoient ») parfois combinée avec des antithèses (« souffrances réelles » *vs* « joies fausses », « vices » *vs* « vertus »). Cela traduit la tension permanente d'une réalité travaillée par ses antagonismes ;
— une rhétorique de l'excès : hyperboles (« incessamment près de tomber », « exorbitant », etc.) ; images violentes (« la manière abusive et tortionnaire », le « cœur [...] enraie » la roue qui va le « broyer » ; comparaison, au paragraphe suivant, entre les « cœurs desséchés » et les « crânes vides » des Catacombes). Mauvais goût, souvent reproché à Balzac ? Bien plutôt démesure, subversion d'une esthétique rangée pour dire la monstruosité moderne. Rançon, donc, de la **vérité**.

COMMENTAIRE 2

Flaubert
Madame Bovary, II, 13

En face, par-dessus les toits, la pleine campagne s'étalait à perte de vue. En bas, sous elle, la place du village était vide, les cailloux du trottoir scintillaient, les girouettes des maisons se tenaient immobiles ; au coin de la rue, il partit d'un étage inférieur une sorte de ronflement à modulations stridentes. C'était Binet[1] qui tournait.

Elle s'était appuyée contre l'embrasure de la mansarde et elle relisait la lettre avec des ricanements de colère. Mais plus elle y fixait d'attention, plus ses idées se confondaient. Elle le revoyait, elle l'entendait, elle l'entourait de ses deux bras ; et des battements de cœur, qui la frappaient sous la poitrine comme à grands coups de bélier, s'accéléraient l'un après l'autre, à intermittences inégales. Elle jetait les yeux autour d'elle avec l'envie que la terre croulât. Pourquoi n'en pas finir ? Qui la retenait donc ? Elle était libre. Et elle s'avança, elle regarda les pavés en se disant : « Allons ! allons ! »

Le rayon lumineux qui montait d'en bas directement tirait vers l'abîme le poids de son corps. Il lui semblait que le sol de la place oscillant s'élevait le long des murs, et que le plancher s'inclinait par le bout, à la manière d'un vaisseau qui tangue. Elle se tenait tout au bord, presque suspendue, entourée d'un grand espace. Le bleu du ciel l'envahissait, l'air circulait dans sa tête creuse, elle n'avait qu'à céder, qu'à se laisser prendre ; et le ronflement du tour ne discontinuait pas, comme une voix furieuse qui l'appelait.

— Ma femme ! ma femme ! cria Charles.

1. Binet : voisin du couple Bovary ; sa manie est d'occuper ses loisirs à fabriquer des ronds de serviette avec un tour à bois : il tourne.

Elle s'arrêta.

— Où es-tu donc ? Arrive !

L'idée qu'elle venait d'échapper à la mort faillit la faire s'évanouir de terreur.

Gustave Flaubert, *Madame Bovary* (1857), éd. GF, Flammarion, 1966, p. 232.

Questions

1. *Le narrateur adopte la perspective du personnage : relevez les marques de la focalisation sur Emma et, d'autre part, les phrases au style indirect libre.*

2. *Observez et décrivez la structuration de l'espace en relation avec le personnage.*

3. *Relevez les composantes du champ lexical du cercle et interrogez-vous sur la valeur de chacune.*

Eléments de réponses

1. Le bourg est décrit selon le regard d'Emma : « En face [...]. En bas [...] ; au coin de la rue ». C'est par rapport à la mansarde que l'étage est « inférieur ». Le narrateur enregistre d'autre part les perceptions vertigineuses d'Emma : « Il lui semblait que le sol de la place oscillant [...]. » A la focalisation interne correspond, sur le plan de la voix, le style indirect libre : « Pourquoi n'en pas finir ? Qui la retenait donc ? Elle était libre. »

2. Nettement structuré par des couples d'oppositions, l'espace symbolise le destin du personnage. La mansarde élevée offre un refuge loin de la vacuité triviale du « trottoir », mais haut et bas vont s'inverser : le soleil paraissant briller depuis « l'abîme », la mort devient le seul nouveau monde auquel renaître. Emma est aussi à l'intersection du fermé (le « village », la mansarde, sa poitrine même) et de l'ouvert (la campagne, le ciel, l'extérieur de son corps), du vide (la place déserte) et du plein (« la pleine campagne »). La mort seule est capable de lever ces oppositions en amalgamant l'individu à l'inconsistante totalité : « Le bleu du ciel l'envahissait, l'air circulait dans sa tête creuse [...]. »

3. Le champ lexical du cercle est abondant. Il connote d'abord l'enfermement du personnage : ligne des toits bordant la place, immobilité décourageante des girouettes, monotonie du tour de Binet. Mais, clos, il répond aussi au désir fusionnel : « elle l'entourait de ses deux bras ». La synthèse des deux valeurs est dans la mort : « Elle jetait les yeux *autour d'elle* avec l'envie que la terre croulât. » Au bord du vide, Emma est « *entourée* d'un grand espace ».

Introduction

À la fin de la première moitié du XIXe siècle, Gustave Flaubert marque, dans un livre-bilan, la fin du romantisme. Ce roman, *Madame Bovary*, publié en 1857, fait la démonstration implacable de l'inadaptation d'une âme romantique à la société française des années 1840. Le désir d'absolu du personnage se heurte en effet aux réalités mornes ou mesquines d'un bourg normand avec ses bourgeois satisfaits et son industrie naissante.

Emma Bovary, jeune femme romanesque, est l'épouse insatisfaite d'un officier de santé; ils vivent à Yonville-l'Abbaye, en Normandie. Dans le treizième chapitre de la deuxième partie du roman, Emma, ayant reçu une lettre de rupture de son amant Rodolphe Boulanger, lequel devait l'arracher, croyait-elle, à sa vie ordinaire, se réfugie, bouleversée, dans la mansarde de sa maison. Elle est sur le point de se jeter dans le vide. Par-delà la déception sentimentale, cette tentative de suicide est l'aboutissement des échecs répétés d'Emma dans ses efforts pour satisfaire, parmi la petite bourgeoisie provinciale où elle vit, l'aspiration à une existence prestigieuse et passionnée qu'elle a puisée dans ses lectures de jeune fille.

Ce passage vaut d'abord par le rappel qu'il contient — grâce aux techniques complémentaires de la focalisation interne et du « paysage-état d'âme » — des motifs du désespoir d'Emma : son environnement lui apparaît cruellement clos et vide. Nous montrerons alors que ce spectacle réactive en elle le désir d'infini, ce qui nous conduira à constater que la mort, présente dans le texte sous des formes multiples, est la seule satisfaction que ce désir, dans de telles conditions, puisse obtenir.

1. Le personnage face à son néant

1.1 Perspective du personnage

La description du bourg dans le premier paragraphe est effectuée en focalisation interne (il s'agit donc d'une description **subjective**) ; elle suit en effet le mouvement du regard du personnage : « En face [...]. En bas [...] ; au coin de la rue ». Autre indice : « il partit d'un étage inférieur une sorte de ronflement. » L'adjectif « inférieur » est évidemment relatif à la position élevée du personnage focal. C'est encore pour elle, qui le perçoit depuis sa mansarde, que le « rayon lumineux [...] montait d'en bas ». En outre, les perceptions d'Emma sont enregistrées telles qu'elles sont censées être ressenties par elle, sans qu'un commentaire vienne les corriger ; or il s'agit de perceptions aberrantes (dues au vertige) : « *Il lui semblait* que le sol de la place oscillant s'élevait le long des murs, et que le plancher s'inclinait par le bout [...]. » Ou encore : « Le bleu du ciel l'envahissait, l'air circulait dans sa tête creuse. »

On ne confondra certes pas focalisation et voix. Si le point de vue est ici celui du personnage, la voix, elle, est bien celle du narrateur, qui parle d'Emma à la troisième personne (« sous elle », etc.). De plus, si effacé qu'il soit, il lui arrive de trahir sa présence par l'emploi d'un modalisateur : « *une sorte de* ronflement ». Ou par cette réponse à l'attente implicite du narrataire — dont la présence se dessine ainsi en creux — qui s'interroge nécessairement sur la nature et l'origine de l'étrange « ronflement » : « *C'était* Binet qui tournait. »

Cependant l'utilisation du **style indirect libre** dans la restitution du discours intérieur vise un effet analogue à celui de la perception subjective, puisque ce mode de transcription de la parole consiste à gommer la médiation syntaxique du narrateur : « Pourquoi n'en pas finir ? Qui la retenait donc ? Elle était libre. »

D'autre part, parce qu'il s'agit des perceptions d'un personnage hanté par la médiocrité, l'auteur **sélectionne** les éléments susceptibles de retenir son attention : ceux qui concourent à lui donner le sentiment de l'emprisonnement et de la vacuité, mais aussi ceux qui alimentent son besoin d'un ailleurs sans limites. Cette double sélection suscite deux champs lexicaux essentiels. Un tel procédé revient à projeter sur l'espace décrit les désirs et les hantises du personnage, ce qui assure la cohérence sémantique (et la fonction symbolique) de la description. Technique du « paysage-état d'âme ».

1.2 L'enfermement

Dans la structuration de l'espace, on discerne d'abord la forme d'un espace clos que note le champ lexical du cercle. Or le cercle est une figure polysémique et Flaubert joue dialectiquement de ses valeurs opposées. Première valeur : il symbolise l'emprisonnement moral d'Emma. Les « toits » des maisons sont vraisemblablement disposés en cercle autour de « la place » dressant ainsi une barrière devant le regard. En outre, à la clôture du cercle évoqué par « les girouettes » est associée l'immobilité, fatale au désir, par définition centrifuge : « les girouettes des maisons se tenaient immobiles ». Enfin, le tour de Binet, avec sa rotation continue et sa production d'objets invariables (des *ronds* de serviette en série), impose brutalement à Emma l'image de sa vie, où tout se répète immuablement. Écho lancinant que matérialise le bruit obsédant du tour : « une sorte de ronflement à modulations stridentes ».

Ce cercle-là est étroit, il n'autorise qu'une vie étriquée. Le choix du terme « village » (« la place du village était vide ») est significatif. Le narrateur sait fort bien qu'il est impropre puisque, en réalité, Yonville « est un bourg », comme il l'explique ailleurs (II, 1, p. 105[2]). Le mot traduit donc le sentiment qu'a Emma d'être à l'étroit (on dira qu'elle est l'*énonciateur* de ce mot dont l'emploi relève de la polyphonie). Car elle aspire à la ville, sur laquelle elle projette ses rêves de passion héroïque. La ville, c'est Rouen : « [...] la vieille cité normande s'étalait à ses yeux comme une capitale démesurée, comme une Babylone où elle entrait » (III, 5, pp. 287-288). Et surtout Paris.

Le cercle maléfique va jusqu'à se rétrécir aux dimensions du corps même de l'héroïne : dans l'illusion d'une effusion amoureuse, « des battements de cœur, qui la frappaient sous la poitrine comme à grands coups de bélier, s'accéléraient [...] ». La comparaison est riche de sens ; elle implique une muraille dans laquelle il s'agirait de percer une brèche, pour s'évader.

1.3 Un univers vide

La vacuité se combine avec la clôture pour former un piège insupportable. La place est « vide ». De fait, il n'y a pas âme qui vive dans cet espace où l'individu est réduit à lui-même. C'est clair : plus encore que chez les écrivains romantiques, la société est pour le désir un « désert ». Comme nous le verrons, le personnage n'a de ressource que dans une assomption désespérée du néant qui le tue ; remarquons qu'ici déjà Emma se sent bientôt la « tête creuse ». Il y a là une sorte de dépossession de soi, ou une possession mystique par le vide même.

Prisonnière d'un monde désert et borné où rien ne répond à son attente, Emma pourrait dire comme le René de Chateaubriand : « Je cherche seulement un bien inconnu, dont l'instinct me poursuit. Est-ce ma faute, si je trouve partout des bornes, si ce qui est fini n'a pour moi aucune valeur ? »

2. Éd. GF, Flammarion, 1966.

2. L'APPEL DE L'INFINI OU LES MÉTAMORPHOSES DU CERCLE

2.1 L'ouverture sur la nature

La situation d'Emma par rapport à l'espace a une portée symbolique : sa position élevée traduit sa tentative pour échapper au « terre à terre » ; d'autre part, « appuyée contre l'embrasure de la mansarde », elle se trouve à la frontière du clos et de l'ouvert : la fenêtre matérialise à la fois la fermeture de l'espace et son impulsion à en sortir. Elle est déjà comme « suspendue » entre les deux espaces, prête à passer de l'un dans l'autre ; dans un moment, elle sera réellement « suspendue » au bord du vide.

D'emblée, son regard cherche à franchir l'enceinte des maisons qui l'encerclent : « par-dessus les toits, la pleine campagne s'étalait à perte de vue ». On note ici une triple opposition : la plénitude (« pleine ») riposte à la vacuité (place « vide ») ; l'illimité (« s'étalait à perte de vue ») au borné (« les toits »). Il faut ajouter que le stéréotype « à perte de vue » est réactivé par son inscription dans l'abondant champ lexical de la mort qu'il ouvre, et doit donc être pris quasiment au pied de la lettre : Emma n'accédera à l'illimité que sur le mode de la *perte*. Enfin, la « campagne » s'oppose ici au milieu urbain : lieu plein et ouvert vers quoi se tournent les élans contrariés, elle semble de nouveau offrir cet asile où se réfugiaient les parias romantiques. Mais prenons garde à une différence capitale : cette nature-refuge n'a d'existence ici que sous le regard d'Emma qui la suscite. Ailleurs, dans le roman, la campagne s'avère aussi **vide** que le reste : jeux de lumière, frémissements d'insectes, tremblements minuscules de la matière (ainsi dans la promenade d'Emma avec Léon le long de la rivière, II, 3, pp. 127-128), voilà à quoi se réduit chez Flaubert une nature désertée par les dieux. Le silence de la nature, chez un Lamartine, parlait de Dieu : « Dieu, pour le concevoir, a fait l'intelligence : / Sous la nature enfin découvre son auteur ! / Une voix à l'esprit parle dans son silence : / Qui n'a pas entendu cette voix dans son cœur ? » (« Le Vallon »). Désormais, il ne recèle plus rien que la palpitation vertigineuse de l'indéterminé.

2.2 La mort libératrice

Penchée au bord de la fenêtre, voilà Emma « entourée d'un grand espace ». Mais cet espace enfin sans limites n'offre que la plénitude « en creux » de la mort où elle va basculer. Alors seulement elle cesse d'être « murée » en elle-même : « Le bleu du ciel l'envahissait, l'air circulait dans sa tête creuse. » Mais l'échange qui se produit ne la fait fusionner qu'avec l'immatériel et l'impalpable.

D'ailleurs, puisque le corps même d'Emma constitue une prison d'où son « cœur » ou son sang chercheraient à s'échapper, l'accomplissement de cette évasion signifierait la mort. À ce prix seulement elle serait « libre ».

La mort apparaît donc, décidément, comme la seule issue pour ce personnage avide de liberté et de plénitude, fussent-elles celles du néant. Elle seule comblerait son désir infini cerné par la clôture et nié par le vide.

2.3 Nouvelle valeur du cercle : la synthèse du plein et du vide

Le cercle connotait l'enfermement du désir dans une vie vide. Une mutation vient inverser sa valeur ; la circularité est apte en effet à signifier la plénitude, la figure étant parfaitement close sur elle-même. La lettre de Rodolphe déclenche la « colère », puis ravive le souvenir du bonheur du couple ; or celui-ci est l'image la plus simple, la plus immédiate de la **fusion** mystique de l'individu dans une totalité où il s'abolit comme tel. Et cette union est bien le vecteur, dans le texte, du passage du ressentiment à l'effusion : « Mais plus elle y fixait d'attention, plus ses idées *se confondaient.* » C'est alors que le cercle change de valeur : « Elle le revoyait, elle l'entendait, elle *l'entourait* de ses deux bras. » Point culminant d'une gradation ternaire, le cercle est désormais le signe de cette fusion réalisée dans l'enlacement amoureux.

Mais les bras d'Emma se referment sur le vide. En effet, rien n'a changé réellement de la situation décrite plus haut : la solitude d'Emma est totale. Dès lors, la plénitude du cercle va se combiner avec l'appel du néant : « Elle jetait les yeux *autour d'elle* avec l'envie *que la terre croulât.* » Le cercle est devenu la synthèse dialectique de ses deux valeurs opposées : la fusion amoureuse et la mort. Du coup, il peut maintenant s'agrandir aux dimensions du monde, un monde dont l'essence ainsi atrocement révélée serait précisément le néant : sur le point de se jeter dans le **vide**, Emma est « *entourée* d'un grand espace ». Il est significatif que l'attirance pour le vide qu'elle éprouve alors soit énoncée dans des termes chargés d'une nette connotation érotique : « elle n'avait qu'à *céder*, qu'à *se laisser prendre* ». La mort est le seul amant mystique qu'offre un monde vidé de ses dieux.

En bref, Emma est contrainte de confectionner une issue à son désir d'absolu avec les moyens du bord, c'est-à-dire avec ce **rien** dont le tour de Binet — symbole de la monotonie intolérable de sa vie — présente l'image sensible : « et le ronflement du tour ne discontinuait pas ». En effet ce rien « l'appelait », en tant qu'il est, dans sa circularité lancinante et dérisoire, la forme sarcastique et dégradée, la trace triviale et dernière, engluée dans la réalité morne de l'ère mécanique nouvelle, de l'absolu romantique.

3. Écrire, mourir ou l'absolu malgré tout

3.1 *Trois petits tours* pour celle qui s'en va

Or « faire du plein avec du creux », selon le mot de Jean Rousset, c'est aussi le programme de Flaubert écrivain. Ce rien généralisé dont son livre ose faire le constat, il le transmue pour sa part en espace plein, harmonieux, habitable par la grâce de l'écriture, par les *tours* du style. On se bornera ici à relever deux aspects majeurs de cette rédemption du néant par l'écriture. Travail permanent du rythme, soumis à l'épreuve du fameux « gueuloir », dont témoignera suffisamment la deuxième phrase : « En bas, sous elle [2 + 2 = 4], la plac(e) du village était vide [8], les cailloux [3] du trottoir [3] scintillaient [3] [3 fois 3 = 9], les girouett(es) [3] des maisons [3] se tenaient [3] immobiles [3] [4 fois 3 = 12]. » L'alexandrin final combine et synthétise le nombre du début (4) et celui de la suite (3).

Retour sensible, d'autre part, de la construction ternaire. Dans cette même phrase, après les deux circonstanciels, trois propositions juxtaposées à la structure syntaxique identique (groupe nominal sujet [nom + complément de détermination] + verbe ou groupe verbal). « Elle le revoyait, elle l'entendait, elle l'entourait de ses deux bras ». Ou encore les trois phrases successives au style indirect libre. Pourquoi cette insistance ? Sans doute parce que ce procédé stylistique est l'équivalent le plus net, au niveau de la production du texte, de ce que nous répète sa fiction, à savoir qu'il n'y a pas d'autre solution que de faire *tourner* en quelque sorte, comme en une valse à trois temps (on pense à celle que dansait Emma avec le vicomte au bal de la Vaubyessard : « Ils ***tournaient*** : tout ***tournait*** autour d'eux, les lampes, les meubles, les lambris, et le parquet, comme un disque sur un pivot. » I, 8, p. 86), dans un cercle s'enchantant du manque qui le crée, le rien.

De sorte qu'on en arrive à cette conclusion paradoxale mais vraie : Binet, avec son tour, est une mise en abyme de l'écrivain. Lequel, par ce biais, *tourne* lui-même en dérision ce que Barthes appellera l'« artisanat » de son style (*Le Degré zéro de l'écriture*, 1953, deuxième partie, chap. 2). L'écrivain et son double sarcastique coïncident exemplairement dans la dernière phrase du premier paragraphe. Car infrastructure scripturale et fiction s'y reflètent l'une dans l'autre, le tour dérisoirement musical de Binet trouvant un équivalent dans la reprise ternaire — *trois petits tours* — du [ɛ] : « C'ét*ait* Bin*et* qui tourn*ait* ». Et *vice versa*.

Dès lors, cet « appel » que le tour semble lancer à la jeune femme au bord du suicide, c'est aussi l'invitation que Flaubert s'adresse à lui-même (par personnage interposé : Emma, c'est son autoportrait cathartique en romantique désespérée) d'avoir à chercher plutôt du côté de l'écriture le contentement que son personnage s'apprête à demander à la mort.

3.2 L'appel de la mort

De fait, le texte multiplie les signes de mort. La campagne s'étale « à perte de vue », inspirant le désir de s'y perdre en effet. La séduction amère de la « place vide » (du mariage monstrueux du cercle et du vide) se concrétise dans « les cailloux du trottoir *[qui]* scintillaient » sous les reflets du soleil. Encore discrète en ce début, cette invitation redouble la conjonction tragique du cercle et du rien : le scintillement, en effet, évoque l'or, connotateur si flaubertien de l'absolu, mais il le fait au niveau particulièrement trivial du « trottoir ». Puis, après que le thème de la mort a été explicité (dans le second paragraphe), l'appel se précise : « Le rayon lumineux qui montait d'en bas directement tirait vers l'abîme le poids de son corps. » On notera la réitération de l'association du lumineux et du trivial (« rayon lumineux » + « en bas »), et surtout un renversement : le soleil semble avoir basculé « en bas » et rayonner depuis « l'abîme », comme si Emma était aux portes d'un monde à l'envers où la mort serait une naissance. Naissance à l'infini du néant.

Même recours à la catastrophe comme issue dans « l'envie » éprouvée par Emma « que la terre croulât », où l'on peut déceler la trace du grand mythe apocalyptique : la fin du monde (métaphorique) délivre des limites qui entravent le désir, ramenant à une table rase à partir de laquelle devient possible une nouvelle naissance.

Et cette tentation de la mort exprimée symboliquement dans le texte devient explicite dans le discours intérieur du personnage : « Pourquoi n'en pas finir ? Qui la retenait donc ? »

3.3 La mer, symbole de l'absolu

La sensation de vertige ressentie par le personnage est l'alibi réaliste d'une comparaison marine. On a vu que le vide l'aspirait comme un « abîme » : « Il lui semblait que le sol de la place oscillant s'élevait le long des murs, et que le plancher s'inclinait par le bout, à la manière d'un vaisseau qui tangue. » Dans ce cadre, la comparaison du « ronflement du tour » avec « une voix furieuse qui l'appelait » ne peut qu'évoquer la **sirène**, métonyme de la mer maternelle en tant qu'elle attire invinciblement et détruit. Cette image de la mer est donc l'aboutissement logique de la tension, observée dans l'ensemble de ce passage, entre l'élan vers l'infini et la vacuité du réel : se jeter dans le vide, comme plonger dans la mer, c'est confier à la mort, en désespoir de cause, le soin de vous retremper dans la plénitude liquide des origines (ou de vous faire rentrer, « la terre croul*[ant]* », dans ses *entrailles*).

Le « voyage » de la mort qui ramène l'exilé dans sa « patrie » mystique est un grand thème romantique. Depuis tel passage célèbre du *René* de Chateaubriand (1802) jusqu'au poème final des *Fleurs du mal* de Baudelaire (1857), contemporain de notre roman : « O Mort, vieux capitaine, il est temps ! levons l'ancre ! / Ce pays nous ennuie, ô Mort ! Appareillons ! [...] Nous voulons, tant ce feu nous brûle le cerveau, / Plonger au fond du gouffre, Enfer ou Ciel, qu'importe ? / Au fond de l'Inconnu pour trouver du nouveau ! » Plonger dans « l'abîme » ou se fondre dans le « bleu du ciel » : « Enfer ou Ciel, qu'importe ? » Tel est aussi le programme d'Emma Bovary : « l'abîme » est le seul « ciel » (on se souvient d'ailleurs que le soleil paraît briller « d'en bas ») qui, dans ce monde vide, reste ouvert à sa soif d'absolu.

Sans doute, *in extremis*, la voix de Charles vient-elle neutraliser celle de la « sirène » et la tirer du côté des tristes vivants. Mais ce n'est que partie remise. Bientôt, elle se suicidera pour de bon, et son cercueil, ballotté sur les épaules des porteurs, semblera « une chaloupe qui tangue à chaque flot » (III, 10, p. 356).

Conclusion

On a pu observer une des techniques narratives favorites de Flaubert, qui consiste à adopter le point de vue d'un personnage pour peindre ainsi indirectement son état d'esprit. Mais comme le personnage, en l'occurrence, est celui auquel, de son propre aveu, il a prêté sa propre insatisfaction radicale (« Madame Bovary, c'est moi »), le désespoir d'Emma, tel qu'il apparaît ici, est d'une particulière importance, d'autant plus qu'il conduit manifestement à ce qu'on pourrait appeler une **stratégie du retournement**. Souffrant du clos et du vide, Emma aspire à une plénitude sans limites. Or, elle est portée à la rechercher dans le vide même, dans l'absence absolue qu'est la mort. De même, elle vise le ciel dans l'abîme. La place du village se mue en l'océan objet de son désir, le cercle-prison en symbole mystique d'accomplissement et de fusion avec l'être, la mort en voyage vers la vraie vie.

Pareille conversion, sans doute, est la conséquence tragique du mécanisme par lequel la société a libéré dans l'individu une immense puissance de désir (grâce à la destruction du carcan de l'Ancien Régime), sans lui laisser la possibilité de l'accomplir dans le réel (par la marginalisation des générations successives d'écrivains) : telle est l'origine de la « passion sans objet » qui est au cœur du romantisme. Mais la grande différence entre *Madame Bovary* et *René*, c'est qu'il n'y a plus d'ailleurs — patrie de l'âme ou société future — vers lequel l'individu puisse se tourner. L'héroïne de Flaubert souffre, non d'être exilée (ce qui suppose une patrie), mais de se heurter partout au vide : il n'y a plus rien, dans une société où triomphent Homais et Lheureux, que le vertige d'un manque radical. Reste à l'écrivain à **mettre en œuvre** sa propre stratégie du retournement : à déployer les architectures et les cadences balsamiques d'une poétique de l'absence, qui pourrait aller jusqu'à un « livre sur rien, un livre sans attache extérieure, qui se tiendrait de lui-même par la force interne de son style » (*Lettre* à Louise Colet du 16 janvier 1852). Un peu comme, ici, son personnage endort sa douleur avec le seul vertige qui lui reste permis, le vertige berceur du néant.

COMMENTAIRE 3

Raymond Queneau
Pierrot mon ami

[La scène se déroule dans une fête foraine. Pierrot s'est accoudé au bord de la piste des autos tamponneuses.]

Accoudé bien à son aise, Pierrot pensait à la mort de Louis XVI, ce qui veut dire, singulièrement, à rien de précis ; il n'y avait dans son esprit qu'une buée mentale, légère et presque lumineuse comme le brouillard d'un beau matin d'hiver, qu'un vol de moucherons anonymes. Les autos se cognaient avec énergie, les trolleys crépitaient contre le filet métallique, des femmes criaient ; et, au-delà, dans tout le reste de l'Uni-Park, il y avait cette rumeur de foule qui s'amuse et cette clameur de charlatans et tabarins[1] qui rusent et ce grondement d'objets qui s'usent. Pierrot n'avait aucune idée spéciale sur la moralité publique ou l'avenir de la civilisation. On ne lui avait jamais dit qu'il était intelligent. On lui avait plutôt répété qu'il se conduisait comme un manche ou qu'il avait des analogies avec la Lune. En tout cas, ici, maintenant, il était heureux, et content, vaguement. D'ailleurs, parmi les moucherons, il y en avait un plus gros que les autres et plus insistant. Pierrot avait un métier, tout au moins pour la saison. En octobre, il verrait. Pour le moment, il avait un tiers d'an devant lui tintant déjà des écus de sa paie. Il y avait de quoi être heureux et content pour quelqu'un qui connaissait en permanence les jours incertains, les semaines peu probables et les mois très déficients.

1. Tabarin : du nom d'un ancien vendeur forain, Tabarin (vers 1584-1626), célèbre pour son bagou.

Son œil beurre noir lui faisait un peu mal, mais est-ce que la souffrance physique a jamais empêché le bonheur ?

R. Queneau, *Pierrot mon ami*, © éd. Gallimard, 1943
(Le Livre de poche, 1964, pp. 19-20).

• *Dans un commentaire soigneusement composé et qui se référera toujours au détail du texte, vous étudierez ce qui fait l'originalité de cette page: personnage, langage, sagesse suggérée par cette vision de la vie.*

INTRODUCTION

À partir de Flaubert et de ses créatures déchues, Emma Bovary et Frédéric Moreau, le héros de roman change sensiblement : oublieux de son origine épique, il tourne le dos aux personnages ambitieux et énergiques à la Balzac pour ressembler de plus en plus à l'individu moderne, noyé dans une société où les groupes, voire les masses, passent au premier plan.

Parmi les avatars successifs du personnage romanesque au XXe siècle, les créations de Raymond Queneau (1903-1976), dont l'œuvre cultive la poésie mélancolique, dérisoire et pathétique du quotidien, retiennent particulièrement l'attention. Le personnage de Pierrot (*Pierrot mon ami*, 1943) peut être considéré comme l'illustration exemplaire d'un renversement qui conduit le romancier à *chanter*, non la geste des Troyens ni l'épopée des travailleurs de la mine, mais le paradoxal bonheur d'un être ordinaire au sort précaire et anonyme. Dans le passage que nous allons étudier, Pierrot vient de se faire embaucher par le patron du « Palace de la Rigolade », à « l'Uni-Park » ; mais une bagarre, qui lui a valu un œil au beurre noir, a entraîné la fermeture temporaire de l'établissement et Pierrot, désœuvré, s'est accoudé au bord de la piste des autos tamponneuses. Plongé dans le bain sonore de la fête, il s'abandonne à une rêverie vague.

Nous commencerons par recenser tous les traits qui font de cet être commun un anti-héros de roman. Puis nous tenterons de définir la modeste sagesse qui se dégage de sa vision des choses, et semble renouvelée de l'*aurea mediocritas* horacienne. Enfin nous verrons comment, dans cette page, la poétique de Queneau, par sa transgression ludique des codes romanesques, rejoint l'éthique implicite du personnage dans ce qu'on pourrait appeler une commune ouverture au devenir.

1. Le personnage de Pierrot : un anti-héros

1.1 Une identité significative

L'état civil d'un personnage est toujours révélateur de la dose de « réalité » que son créateur a voulu lui injecter. Or, ici, il se réduit à un prénom. L'absence de patronyme est donc significative : Queneau s'écarte du code réaliste fixé par les romans du XIXe siècle, où les personnages sont dotés d'un nom de famille et d'un prénom, comme dans la vie. Et il est clair que ce patronyme manquant ajoute à l'anonymat qui caractérise le personnage.

Le prénom lui-même est porteur de sens. « Pierrot » est le **diminutif** de Pierre, et le suffixe revêt une connotation populaire. Celle-ci est confirmée, dans le texte, par le lieu où l'action se situe (une fête foraine), par les silhouettes qu'on y aperçoit (les « charlatans » qui sont les forains, les femmes qui « criaient », la « foule »). Mais aussi par telle expression triviale (se conduire « comme un manche », c'est se montrer maladroit, incapable) que le narrateur emploie par une sorte de mimétisme, le style des personnages déteignant sur le discours romanesque qui les prend en charge.

Ajoutons que ce prénom relève de l'intertextualité, comme nous en avertit le titre du livre, *Pierrot mon ami*. On songe en effet, nécessairement, à la chanson bien connue, « Au clair de la lune, / Mon ami Pierrot [...] ». Et l'on comprend mieux alors que Pierrot soit dépourvu de nom de famille (comme, par exemple, Gabriel dans *Zazie dans le métro*) : son origine est moins familiale ou sociale que littéraire ; d'emblée, il est donné comme un « être de papier », c'est-à-dire comme une fiction créée par un écrivain se servant d'artifices romanesques.

1.2 Un être ordinaire

Professionnellement, Pierrot est un jeune homme *modeste*. Il se contente d'un emploi saisonnier, donc précaire ; il faut dire que, jusque-là, « il connaissait en permanence les jours incertains, les semaines peu probables et les mois très déficients ». Par là aussi, il diffère des héros traditionnels de romans, qui appartiennent à des classes sociales élevées (aristocratie, bourgeoisie) ou aspirent à s'y intégrer. Il suffit de comparer avec le personnel des romans de Mauriac, composé de représentants de la haute bourgeoisie bordelaise. Même le Bardamu du *Voyage au bout de la nuit* (1932) de Céline, qui dévoile les marges sordides de la société française de l'entre-deux-guerres, est médecin. Pierrot n'est pas davantage un ouvrier. S'il n'a pas de nom déterminé, il n'a pas non plus de lien officiel, précis et solide, avec le tissu social. Sur ce plan aussi, Queneau est le poète de l'indéterminé.

Sans ambition, de modeste extraction, Pierrot est donc l'anti-Rastignac. Il n'a pas davantage de grand dessein, pas d'analyse — fût-elle satanique et vengeresse — de la société, sur laquelle il pourrait fonder une destinée prométhéenne, comme le Vautrin de Balzac : « Pierrot n'avait aucune idée spéciale sur la moralité publique ou l'avenir de la civilisation. » Il passe même pour un incapable (« On lui avait plutôt répété qu'il se conduisait comme un manche [...] »), voire un imbécile (« ... ou qu'il avait des analogies avec la Lune. » : Queneau joue ici avec l'expression triviale « être con *comme la lune* »).

Energie, ambition, intelligence, tous les attributs canoniques du héros de roman semblent lui faire défaut (de son aspect physique, on ne sait rien ; de quoi l'on peut inférer que, sur ce plan également, il ne s'écarte pas d'une petite moyenne). Aussi bien apprend-on pour finir qu'il fait apparemment partie, non de ces fortes natures qui triomphent des obstacles et imposent leur volonté, mais des vaincus, puisqu'il est affligé d'un «œil beurre noir » *(sic)*, indice d'une défaite. De sorte que la référence initiale à « la mort de Louis XVI » et donc à la Révolution, période héroïque, forme un contraste humoristique avec le personnage qui y rêve.

1.3 Une perspective narrative

Il est significatif enfin que, dans ce passage, Pierrot **ne fasse rien**. Accoudé à un stand, il rêvasse : « [...] il n'y avait dans son esprit qu'une buée mentale [...]. » Ni projet mobilisateur, ni action entreprenante sur le monde, mais des pensées informes. Toutefois, le fait que le narrateur adopte la perspective du personnage peut être considéré comme le premier indice d'une valorisation de cette relative médiocrité. Certes, au sens strict, le récit est mené en focalisation zéro par un narrateur omniscient qui rend compte des pensées du personnage (première phrase, et plus loin : « D'ailleurs [...] de sa paie. »), remonte dans son passé (« On ne lui avait jamais dit [...] avec la Lune. ») et commente, voire juge son état d'esprit : « Pierrot n'avait aucune idée spéciale [...]. Il y avait de quoi être heureux et content [etc.]. » Mais, ce faisant, ce narrateur invite implicitement le lecteur à voir la situation comme la voit Pierrot ; la réalité extérieure (la fête foraine, ses mouvements et ses bruits) n'est présente dans le récit que pour autant que celui-ci la perçoit.

En somme, Queneau met en scène un être **anonyme**, à l'image des éléments embryonnaires de sa rêverie, comparés à « un vol de moucherons anonymes ». Un être ordinaire perdu dans la « foule ». Mais cette médiocrité, loin d'être comme chez Flaubert le signe de la déchéance des figures épiques (voir Charles Bovary et la parodie de l'épopée dans l'*incipit* de *Madame Bovary*), est au contraire donnée entre les lignes comme le gage, la condition d'un bonheur inattendu et même d'une sagesse.

2. Une sagesse paradoxale : la jouissance épicurienne de l'indéfini

2.1 Un épicurisme discret

Epicurisme marqué d'abord, comme de juste, par un hédonisme. D'emblée, Pierrot apparaît « Accoudé *bien à son aise*». C'est clair : il est bien décidé à goûter à fond et son farniente et sa position privilégiée dans l'espace, dont nous allons reparler.

Ensuite, il est homme à supporter sereinement la douleur : « Son œil beurre noir lui faisait un peu mal, mais est-ce que la souffrance a jamais empêché le bonheur ? » Sans doute n'irait-il pas jusqu'à faire sien l'aphorisme de l'épicurien Diogène Laërce : « Le sage est heureux même lorqu'il subit la torture[2]. » Mais il paraît porté à jouir du moment présent sans se laisser distraire par une douleur raisonnable.

Pareillement, il a l'art de limiter ses désirs, puisqu'il se contente de peu : « Pierrot avait un métier, tout au moins pour la saison. En octobre, il verrait. » Spontanément, il refuse de se laisser troubler par l'angoisse de l'avenir et s'en tient à l' « ici, maintenant ». Par là encore, il est semblable au sage épicurien, qui « vit dans l'instant et ne se soucie pas du lendemain car une vie portée

2. Cité par Jean Brun, *L'Epicurisme*, PUF, 1969, "Que sais-je ?" n° 810, p. 99.

tout entière vers l'avenir est une vie inquiète[3]». Davantage : parmi les bruits qui l'entourent, il y a « ce grondement *d'objets qui s'usent*». Mélancolie pudique de la conscience du devenir, typique de la *petite musique* de Queneau. Mais justement, Pierrot s'abandonne au temps qui passe et épouse le devenir. Et l'emploi de l'imparfait duratif (« Pierrot pensait [...]. Les autos se cognaient [...] il y avait cette rumeur [...] ») convient à l'évocation de ce temps immobile, ou plutôt de cet abandon de l'être à un temps qui s'étire comme voluptueusement.

Au total, s'il est « heureux et content », c'est qu'il a compris, comme son créateur, l'antique leçon du *carpe diem*.

2.2 Bonheur de l'indéfini

On rencontre dans le texte un champ lexical du **flou** remarquablement abondant : « rien de précis » ; « buée mentale » et « brouillard » ; « un vol de moucherons *anonymes* » ; « rumeur » ; « vaguement » ; « jours incertains ». Un être aux contours imprécis, aux pensées vagues, au passé inconnu, au futur mal dessiné, plongé dans une « foule » elle-même confuse et mouvante... Qu'on y prenne garde, ce n'est pas là le tableau clinique d'une insuffisance, mais bien la condition même du bonheur. Parce qu'il est tel dans un tel milieu, *mobilis in mobili*, Pierrot est heureux, « vaguement ». Bien entendu, on retrouve ici la notion de devenir, mais voici que les modalités du plaisir qu'on y peut prendre se précisent : il s'agit d'être ouvert à la pluralité des possibles, solidaire d'une réalité en devenir, disponible pour les métamorphoses... Jouissance de l'indéfini.

2.3 L'espace : microcosme et macrocosme

Pareille solidarité du personnage avec son environnement se mesure mieux grâce à une analyse du traitement de l'espace. Remarquons d'abord qu'il est essentiellement perçu par l'ouïe, comme en témoigne le champ lexical très fourni du bruit extérieur : « Les autos se cognaient [...], les trolleys crépitaient [...], des femmes criaient [...] ; [...] cette rumeur de foule [...] et cette

3. *Ibid.*, p. 91.

clameur de charlatans [...] et ce grondement d'objets [...]. » Bruits perçus par Pierrot, qui est donc immergé dans un véritable bain sonore ; et on a vu qu'il en retirait un grand plaisir.

Cette structure d'enveloppement est redoublée par la **forme** de l'espace. Pierrot se trouve en effet à l'intérieur de deux lieux clos emboîtés. Ce sont, d'une part, le stand des autos tamponneuses, dont le « ciel » est fermé par « le filet métallique » où les trolleys viennent cueillir l'électricité ; d'autre part, « au-delà », l'enceinte de la fête foraine baptisée « Uni-Park ». On peut d'ailleurs ajouter que la transformation du traditionnel « Luna-park » en « *Uni*-Park » insiste sur l'aspect homogène et complet d'un espace resserré sur sa propre *unité*. Espace de jeu enfin, retour au ludique paradis des joies enfantines.

Mais le personnage ne se contente pas d'être à la fête dans son cocon, il entre en osmose avec son milieu. On observe en effet plusieurs correspondances entre l'esprit de Pierrot et l'espace environnant. Même flou, on l'a dit, de part et d'autre. En outre, ses pensées sont comparées à « un vol de *moucherons* anonymes » ; le « filet » métallique formant relais, on peut avancer que la « foule » à son tour est composée de « moucherons anonymes », si l'on veut bien considérer que « moucheron » a aussi le sens d'individu de petite taille et de mince importance. Queneau emploie d'ailleurs le mot ainsi dans *Zazie dans le métro* où un « ptit type » est qualifié de « moucheron [4] ». Et puis, les moucherons mentaux doivent bien bourdonner, en particulier celui qui est, nous dit-on, « plus gros que les autres et *plus insistant* ». Si l'on ajoute que la saison pour laquelle il est embauché apparaît à l'intéressé « *tintant* déjà des écus de sa paie », on réalise qu'aux bruits du dehors font écho les bruits du dedans.

Pour couronner le tout, une comparaison assimile justement l'intérieur à l'extérieur, le microcosme au macrocosme, et elle le fait sur un mode euphorique : la « buée mentale » est « légère et presque lumineuse *comme le brouillard d'un beau matin d'hiver* ». C'est ainsi que, conformément à la vocation qui est la sienne en littérature, le *logos* réconcilie l'*anthropos* avec le *cosmos*, achevant de définir la sagesse de Pierrot comme participation rêveuse au flux des êtres et des choses. Mais voilà qui pose la question du rôle spécifique de l'écriture dans la réalisation de cet accord, réservé mais dansant, de l'homme et du monde.

4. *Zazie dans le métro*, Folio, Gallimard, p. 10.

3. Poétique : subversion des codes pour jouir du tremblement des formes en devenir

3.1 Le mélange des styles

Tout lecteur de *Zazie* le sait : Queneau excelle à faire cohabiter ou s'entre-choquer différents registres d'expression. Le procédé, quoique encore un peu timide, est parfaitement sensible dans ce passage. Ce fragment de récit mélange délibérément un style soutenu, voire « élevé », avec un style familier, voire populaire. Dans chaque cas, il convient de distinguer niveau de langue et procédés stylistiques.

Première catégorie. Termes relevant d'un niveau soutenu : « anonymes », « tabarins », « analogies », « déficients ». Expressions ressortissant à un registre « noble », d'une tonalité emphatique : « la moralité publique », « l'avenir de la civilisation ». Un archaïsme : « écus ». Figures de style : métaphores délicates (« une buée mentale », « un vol de moucherons anonymes »), la première se développant en une comparaison : « comme le brouillard d'un beau matin d'hiver » ; et tous les procédés qui seront envisagés à part, plus bas.

Deuxième catégorie, la narration chez Queneau étant systématiquement contaminée par l'idiolecte des personnages qu'elle prend pour objet (par exemple dans *Zazie*, une « dame de la haute société » : « Elle s'enquit auprès de la populace de la cause de l'algarade [etc.] » ; p. 58). Comme il s'agit ici de personnages populaires, le discours du narrateur tend à intégrer des termes, des tournures populaires. Lexique : « autos » (abréviation familière). Expression : « comme un manche » (on notera le procédé inverse qui consiste à insérer un terme soutenu dans une expression triviale : « il avait des *analogies* avec la Lune » — au lieu de « il était [*con*] comme la lune »). Style : quatre occurrences de « il y avait » miment une certaine pauvreté gauche du style oral ; effet analogue recherché par la tournure interrogative : « mais *est-ce que* la souffrance physique a jamais empêché le bonheur ? », quand on attendait « mais la souffrance physique *a-t-elle* jamais empêché ».

Par ce mélange, Queneau obtient une contestation réciproque des styles — et un effet de **distanciation** démystificatrice par rapport aux codes qui les sous-tendent —, ce qui lui permet de n'être enfermé dans aucun. En sabotant la cohérence et l'homogénéité du discours romanesque, il en exhibe la nature artificielle mais, en même temps, il en fait un instrument capable de dire cette ouverture aux possibles qui est la sagesse de Pierrot.

3.2 Le mélange des genres

L'autre infraction aux codes romanesques — nous ne revenons pas sur le retournement de l'image du héros — est celle qui consiste à truffer le récit de procédés que l'on réserve d'ordinaire au poème. Et ces procédés sont d'autant plus visibles qu'ils se détachent par contraste sur la ligne narrative. Ainsi, l'homéotéleute « [...] foule qui s'am*us*e [...] charlatans et tabarins qui r*usent* [...] objets qui s'*usent*», conjuguée avec la répétition mécanique des relatives, n'a évidemment aucune pertinence sur le plan référentiel. Elle vise à miner de l'intérieur la cohérence du genre narratif. C'est également le cas de la périphrase loufoque « un tiers d'an » (pour « une saison », ou « quatre mois ») combinée avec l'harmonie imitative obtenue par la double allitération des dentales [d] et [t] et par l'assonance en [ã] : « il avait un *t*iers *d'***an** *d*ev**ant** lui *t*in*t***ant** *d*éjà *d*es écus *d*e sa paie ». Un tel dérapage surprend le lecteur, le frustre de l'illusion réaliste et lui donne le soupçon que cette histoire est « à peine plus qu'un délire tapé à la machine par un romancier idiot (oh ! pardon) » (*Zazie*, p. 90). Et en même temps le sens s'évade et s'enivre de la liberté conquise.

D'autres **régularités** contribuent à tirer le texte vers la poésie. Ce sont les constructions ternaires alternant avec les constructions binaires. Les premières : 1. « une buée mentale, légère et presque lumineuse » ; 2. « Les autos [...] les trolleys [...] des femmes » ; 3. « cette rumeur [...] cette clameur [...] et ce grondement » ; 4. « En tout cas, ici, maintenant » ; 5. « les jours [...] les semaines [...] et les mois ». Les secondes : 1. « qu'une buée mentale [...] qu'un vol de moucherons » ; 2. « charlatans et tabarins » ; 3. « la moralité publique ou l'avenir de la civilisation » ; 4. « qu'il se conduisait comme un manche ou qu'il avait des analogies avec la Lune » ; 5. « il était heureux, et content » ; 6. « un plus gros que les autres et plus insistant » ; 7. « il y avait de quoi être heureux et content ».

Ce débordement du poème dans le roman illustre d'avance la déclaration de Queneau : « Je n'ai jamais vu de différences essentielles entre le roman, tel que j'ai envie d'en écrire, et la poésie » (*Bâtons, Chiffres et Lettres*, 1947).

3.3 La modification des syntagmes figés

Il s'agit là, assurément, d'un des ingrédients les plus caractéristiques de la poétique de l'auteur. Modifier les stéréotypes pétrifiés dans le langage, c'est encore relancer la circulation du sens. Trois exemples ici, plus un. Luna-Park devient « l'Uni-Park » ; être « con comme la lune », c'est avoir « des analogies avec la Lune » ; l'œil au beurre noir se transforme en un «œil beurre noir », probablement sur le modèle des « gants beurre frais ». Et puis il y a le titre, qui inverse l'ordre des mots de la chanson (« Mon ami Pierrot »), et prévient donc d'emblée du caractère foncièrement baroque de l'esthétique de Queneau, si constamment tournée vers la métamorphose...

Conclusion

Donc, tout converge : personnage, sagesse, style manifestent également, chacun dans son champ propre, le rejet des modèles (héros conquérant, volonté de puissance, codes romanesques) et la recherche du bonheur — de l'écrivain comme du personnage — dans l'ouverture ludique, mélancolique et malicieuse au devenir : au temps qui passe comme à la mobilité régénératrice des formes de l'expression. Ainsi l'esthétique et l'éthique finissent-elles par se confondre, exemplairement.

Et tout l'art de Queneau est là, dans cette contestation souriante et grave des styles les uns par les autres, dans cette savoureuse fusion du narratif et du poétique, dans ce mariage narquois et libérateur du noble et du trivial. Poétique baroque, donc, en ce qu'elle n'entend pas fixer une essence, préférant donner à voir l'écriture aussi bien que le réel comme travaillés par les métamorphoses. Quelle maîtrise au total dans ce bref passage, dont la cocasserie familière ne doit masquer ni l'habileté ni la profondeur. Comme dit Gabriel dans *Zazie* (p. 167) : « Y a pas que la rigolade, y a aussi l'art. »

COMMENTAIRE 4

Guillaume Apollinaire « Marie » (*Alcools*)

Vous y dansiez petite fille
Y danserez-vous mère-grand
C'est la maclotte qui sautille
Toutes les cloches sonneront
Quand donc reviendrez-vous Marie

Les masques sont silencieux
Et la musique est si lointaine
Qu'elle semble venir des cieux
Oui je veux vous aimer mais vous aimer à peine
Et mon mal est délicieux

Les brebis s'en vont dans la neige
Flocons de laine et ceux d'argent
Des soldats passent et que n'ai-je
Un cœur à moi ce cœur changeant
Changeant et puis encor que sais-je

Sais-je où s'en iront tes cheveux
Crépus comme mer qui moutonne
Sais-je où s'en iront tes cheveux
Et tes mains feuilles de l'automne
Que jonchent aussi nos aveux

Je passais au bord de la Seine
Un livre ancien sous le bras
Le fleuve est pareil à ma peine
Il s'écoule et ne tarit pas
Quand donc finira la semaine

Guillaume Apollinaire, « Marie » in *Alcools* (1913),
coll. « Poésie », Gallimard, pp. 55-56.

Introduction

On connaît Apollinaire comme un brillant continuateur de la tradition élégiaque française, grâce notamment au célèbre « Pont Mirabeau ». On sait peut-être moins qu'il fut un grand poète amoureux. Mentionnons, dans *Alcools* (1913), « La Chanson du mal aimé » et « Cors de chasse ».

Dans ce même recueil, la pièce intitulée « Marie » conjoint élégie et lyrisme amoureux mais d'une façon très originale puisqu'elle retourne les thèmes classiques de l'amour enfui et du devenir destructeur. Ce poème, composé de cinq quintils, parut d'abord en revue en 1912. Il se signale d'emblée par l'éclatement tout à fait moderne de son propos : on chercherait en vain une articulation logique claire et pleine d'une strophe à l'autre ; chacune, en vérité, paraît offrir l'actualisation particulière d'une invariable structure, celle de l'amour indirect, ou déplacé.

Nous recenserons donc d'abord les moyens par lesquels le texte s'ingénie à exorciser la femme aimée en la dépouillant de ses attributs maléfiques — évoqués dans « La Loreley [1] ». La deuxième partie de notre étude envisagera, chez le « je » qui précisément métamorphose l'amant en écrivain, le dispositif d'économie du désir qu'autorise la conversion de l'amour en texte. Texte qui, de son côté, comme nous le montrerons pour finir, explore les voies d'une poétique s'essayant à ébranler les cadres conventionnels du sens plus encore que de la versification, afin de permettre la libre circulation du désir, puisque telle est donc désormais, la fonction du poème.

1. Effacement de la femme

1.1 Le titre

« Marie » : le référent de ce prénom appartient à la biographie d'Apollinaire. Selon M. Adéma et M. Décaudin [2], ce poème commémore les « souvenirs déchirants » (G. Apollinaire) relatifs aux « graves discordes survenues en 1912 dans ses relations avec Marie Laurencin, qui affectèrent durement le poète ».

1. *Œuvres poétiques*, Bibliothèque de la Pléiade, Gallimard, 1965, pp. 115-116.
2. *Ibid.*, notes sur « Marie », p. 1053.

Mais ce mot est également porteur d'une connotation évangélique : Marie, c'est la mère du Christ, la Vierge, l'Immaculée Conception (donc dépouillée de son pouvoir sexuel maléfique). Connotation corroborée par la présence du merveilleux chrétien dans *Alcools*. Et confirmée surtout par le champ lexical religieux dans ce texte même : « Marie », « les cloches », « cieux » et le « livre ancien » (v. 22) qui peut représenter la Bible.

En outre, ce titre constitue un double écart. Par rapport à « aimer » (il en est l'anagramme), que l'on retrouve au v. 9 : « vous aimer à peine » ; l'anagramme est structuralement l'équivalent de cet « à peine » capital. Par rapport au verbe (se) *marie* r (qui le contient en hypogramme).

Ainsi, dès le titre, s'ébauche une stratégie de **neutralisation** de la Femme (castratrice).

1.2 Dispositifs textuels de neutralisation

La Femme disparaît

Dans les vers 1 et 2, entre l'enfant et la grand-mère, la Femme, intermédiaire implicite, se trouve escamotée. De plus, « petite fille » et « mère-grand » signalent la présence d'un intertexte, le conte de Perrault « Le petit chaperon rouge », qui commence ainsi : « Il était une fois une *petite fille* de village, la plus jolie qu'on eût su voir ; sa mère en était folle, et sa *mère-grand* plus folle encore[3]. » Une autre figure est donc à son tour éliminée, celle du Loup, « le porteur de la *gueule* des enfers » (Chevalier et Gheerbrant, p. 583), c'est-à-dire de la Mère dévoratrice, ou encore « la crainte du temps destructeur » (G. Durand, cité *ibid.*), ce qui, on va le voir, ici, revient au même.

Procédure redoublée au niveau du système des temps verbaux : v. 1 : « dansiez », imparfait ; v. 2 : « danserez », futur. Là aussi, l'élément médian, le présent, manque. La Femme, refoulée dans le passé ou renvoyée dans l'avenir, est supprimée du présent. Certes, celui-ci revient au v. 3 : « C'est la maclotte qui *sautille*» ; mais, justement, la danseuse, elle, est **absente**, grâce à un transfert sur la danse, personnifiée (hypallage).

Même résultat obtenu, au v. 6, par une substitution métonymique : « Les masques » (le pluriel généralise le phénomène), c'est la présence **en creux** du

3. Perrault, *Contes*, GF, Flammarion, 1991, p. 258.

visage, donc sur le mode de l'absence. Remplacée par un postiche (le masque), la Femme est de surcroît réduite au silence (« silencieux »). Sa parole à son tour est déplacée : « la musique » (v. 7), chant élégiaque de l'amour perdu, « semble venir des cieux » (v. 8), c'est-à-dire précisément de ce lieu mythique et lointain dans lequel le poète a eu soin de reléguer la désormais vierge « Marie ».

Des rimes suspectes

Rimes *ababa*. La rime *a* mérite analyse. Le v. 5, d'abord, est surnuméraire par rapport à la structure binaire croisée *abab* ; or c'est le vers où « Marie » est nommée, et où son retour est évoqué (« Quand donc reviendrez-vous Marie ») : mais, dès lors, il semble être **de trop**. En outre, « Marie » est une simple assonance dans la série « fille » / « sautille » / « Mar*ie*», ce qui revient à faire sentir celle-ci comme un être (une fille) à qui il manque quelque chose : la rime et, sur le plan symbolique (la suite le confirme), le sexe.

1.3 Annulation du sexe

Dans les strophes 3 et 4, une série d'articulations métaphoriques associe brebis, mer et femme, comme le montre le tableau suivant :

	brebis	mer	femme
neige = blancheur du papier	flocons [= neige] de laine (blancheur)	comme mer ← qui *moutonne* → (= brebis)	cheveux crépus (laineux) (blancheur de l'écume)
les insignes de la féminité sont absorbés dans la blancheur du papier	s'en vont dans la neige		sais-je où s'en iront

La femme est assimilée à la brebis par l'aspect laineux de ses cheveux, et comparée d'autre part, à cause d'eux, à la mer (« Crépus comme mer »), laquelle à son tour « moutonne », mot qui pourrait définir la femelle du mouton, c'est-à-dire la brebis. Une même valeur symbolique les réunit, exactement comme dans « La chevelure » de Baudelaire (*Les Fleurs du mal*, XXIII) : « Ô *toison, moutonnant* jusque sur l'encolure ! [...] Tu contiens, *mer* d'ébène, un éblouissant rêve [...]. » Symbole multiplié du sexe féminin : la chevelure est notée comme « une des principales armes de la *femme* » (Chevalier et Gheerbrant, p. 236) ; la mer, de son côté, est, comme on le sait, un symbole maternel universel.

Le pluriel de « brebis » (v. 11) atteste la volonté de procéder à une annulation générale de la femme réelle. Elles « s'en vont dans la neige ». La neige tombe, tout comme les « feuilles de l'automne » (v. 19) qui « jonchent » (v. 20) le sol. Or celles-ci sont le symbole classique du temps qui s'enfuit, emportant l'amour (voir « Les feuilles mortes » de Prévert) ; elles semblent donc évoquer le caractère **mortel** de l'union effective des amants : (l'automne) « Que jonchent aussi *nos aveux* ». L'amour mutuel non seulement meurt (thème élégiaque des plus courants ; voir « Le pont Mirabeau »), mais il entraîne aussi l'amant à sa perte, comme la suite de cette analyse le montrera. Or, c'est précisément ce qu'il s'agit d'éviter. Aussi la neige, ici, constitue-t-elle une revanche : comme si une chute de neige recouvrait le réel — d'un mouvement symétrique et inverse de celui des feuilles, signe de (l'amour) mort, couvrant le sol — mais d'une **blancheur** qui cette fois substitue au monde maléfique, espace de la perte, un contre-monde où l'on puisse préserver son désir.

Ainsi la neige figure-t-elle ici la blancheur du **papier** où s'écrit le poème : cet espace même de la reconversion et de la conservation du désir. D'être transposées de la sorte sur le plan de l'écriture, « Les brebis *s'en vont* » : elles disparaissent, comme le signifie davantage encore la métaphore « Flocons de laine » (v. 12), fondée sur le commun sème de la blancheur, qui assimile totalement les brebis à la neige ; elles finissent par s'y fondre : le papier les absorbe et les annule. De sorte que le motif du devenir destructeur (« passent », « changeant », « s'en iront », « passais ») se trouve renversé : le devenir lié à l'amour dévorateur est lui aussi neutralisé parce que transféré dans l'écriture ; il s'y abolit, comme les brebis se fondent dans la neige.

Donc le poème fonctionne comme l'espace de substitution où la menace de destruction-castration est tenue à distance.

2. Aimer de loin

2.1 Protéger le désir

L'homme et son désir sont mis entre parenthèses. Le loup du conte de Perrault, présent entre les lignes, c'est-à-dire prudemment tenu à l'écart, c'est aussi et d'abord le désir masculin, comme le reconnaît très explicitement la « Moralité » du conte[4].

Il s'agit en somme d'échapper au sort des « soldats », autrement dit des hommes porteurs d'une arme (phallique) et qui « passent » (v. 13), étant astreints au devenir parce que leur « arme » les voue à l'amour mortel. Que penser, dès lors, du contre-rejet : « et ceux d'argent » ? (On pourrait certes supposer un point après « ceux d'argent », ce qui ferait du syntagme « Des soldats » un sujet et non plus le complément de « ceux ». Mais alors le v. 12 n'aurait plus guère de sens.) Le pronom démonstratif renvoie évidemment à « flocons ». Que désigne cette nouvelle métaphore ? Des médailles brillantes ? La luisance du métal des fusils ? Là encore, l'explication réaliste est aléatoire, et vaine. Seule importe la logique du texte : le démonstratif établit un rapport d'homologie entre les « flocons » que sont les brebis (on n'a pas oublié leur sens symbolique) et « ceux d'argent » des soldats, qui seraient donc **l'équivalent masculin** de ce que représentent les « brebis ». Quant au mot « argent », s'il dénote probablement un aspect étincelant, il connote surtout la valeur : ces « flocons »-là, il faut donc les sauver, les **thésauriser** : mettre le désir à l'abri, tel est finalement le programme du poème tout entier.

D'où la velléité d'avoir « Un cœur à moi » (v. 14) : dont je ne sois pas dépossédé, qui ne me soit pas arraché — on voit donc que ce « cœur » à son tour répète, en y ajoutant quelque chose comme un sème d'identité affective propre, ce que désignait déjà discrètement l'arme du soldat — par le devenir comme l'est hélas « ce cœur *changeant*» (v. 14) ; la palillogie du v. 15 mimant peut-être la puissance de rapt d'un devenir pressant, débordant. Donc, « que n'ai-je » (v. 13) un « cœur » inaliénable : le regret dit assez la dépossession, ou sa menace.

4. *Op. cit.*, p. 260. Voir aussi Bruno Bettelheim, *Psychanalyse des contes de fées*, Laffont, 1976, coll. « Pluriel », p. 258 et 266.

Qu'à cela ne tienne, la rime (riche) « n'ai-je » / « neige » fait sens : le papier que figure la neige, c'est-à-dire le poème lui-même, est le moyen de conserver son « cœur » (phallus), de le garder bien à soi. Le troisième élément de cette rime *a* : « que sais-je » (v. 15) constitue une véritable paronomase avec « que n'ai-je », à quoi l'on décèle une substitution. Si l'on veut préserver son désir, l'on doit, tout à fait comme le vieil antiquaire de *La Peau de chagrin* de Balzac, préférer le **savoir** de l'« avare » à l'**avoir** dont la quête détruit le désir. « L'avare a tout, jusqu'à son sexe, dans le cerveau[5]. » Ou encore dans le texte.

2. 2 Un amour mélancolique

Le vers 9 est le seul alexandrin du texte, ce qui, bien sûr, le met en relief ; c'est qu'il énonce la structure symbolique de tout le poème : « aimer à peine », amour **de loin**, indirect, parcimonieux, prudent. Précisément par le mécanisme qui convertit la Femme en un être de papier, et l'amour en texte. En somme, un « mari *[ag]* e » **blanc**. Aimer à peine, parce qu'aimer une absente. Telle est la structure **mélancolique** du poème (la mélancolie, c'est la jouissance de l'absence et du manque). Voilà résolu le paradoxe présenté par l'oxymore du vers 10 : « Et mon *mal* est *délicieux.* »

Quant au « vous » par lequel le poète s'adresse à l'Absente (v. 1, 2, 5, 9), il participe de cet écart calculé entre le désir et son objet, au lieu que, dans la strophe 4, la deuxième personne du singulier (« tes cheveux » [v. 16, 18], « tes mains » [v. 19]) coïncide avec la proximité menaçante du sexe (chevelure).

2. 3 L'écart victorieux

La strophe 5 reformule avec d'autres moyens cette stratégie de l'amour de loin. Au vers 21, « Je passais » répond à « passent » (v. 13) auquel il s'oppose car, cette fois, le sort de l'homme est différent. La situation, ses éléments sont les mêmes : brebis / soldats // je / Seine (chiasme) ; mais le « je » passe « *au bord de* la Seine ». La rivière est féminine, elle prolonge la mer de la strophe précédente et, comme elle, représente la Femme. La locution prépositive « au

5. Balzac, *Illusions perdues*, GF, Flammarion, 1966, p. 601.

bord de » réitère l'écart, le retrait prudent loin de la Femme (castratrice) ; elle est l'équivalent structural, la spatialisation du « à peine » du vers 9 et du « lointaine » du vers 7.

Il en résulte une nouvelle forme de la revanche sur le piège féminin. Dans les vers 23 et 24 se lit un renversement du *topos* du devenir destructeur-castrateur. En effet, « Le fleuve » **masculin** se substitue à « la Seine » féminine, ce qui autorise une thésaurisation (revoilà « l'avare » de soi-même) de la « peine », c'est-à-dire du désir insatisfait. Richesse inépuisable, inaliénable **du manque** (et du désir ainsi sauvegardé) : « Il s'écoule et ne tarit pas ».

Au tout dernier moment, le poète tente de « se couvrir », essaye de se rattraper comme quelqu'un qui en a trop dit. L'impatience qu'exprime le dernier vers : « Quand donc finira la semaine », est en réalité un alibi. Car la similitude évidente du moule syntaxique des vers 5 et 25 (Quand + donc + verbe au futur + sujet inversé) suggère une coïncidence entre la fin de la semaine et le retour de Marie. Or, tout le reste du texte le laisse entendre, le poète ne veut pas vraiment que Marie « revienne » (v. 5). Il l'a exilée prudemment dans les « cieux » (v. 9), et le bénéfice qu'il en retire est trop important pour que le souhait de son retour soit autre chose qu'une concession à la représentation courante de l'amour. La vraie passion se nourrit du manque.

3. Poétique de l'œuvre ouverte

3.1 Une poétique du discontinu

A cette structure de l'écart sur le plan du contenu répondent toutes sortes d'écarts dans la trame du discours poétique. Et d'abord des écarts sémantiques. Dans ce poème du début du XXᵉ siècle (il a paru en revue en 1912), il faut souligner ce fait remarquable que la *mimesis* référentielle s'altère sensiblement. On chercherait en vain la **représentation** cohérente d'un référent. « Vous *y* dansiez […] *Y* danserez-vous […] » : à quel lieu renvoie donc cet adverbe énigmatique que multiplie de surcroît l'assonance en [i] ? Quels sont au juste ces « masques » ? Et cette « musique », ces « brebis », ces « soldats », ce « livre ancien », etc.? Tenter de reconstituer une hypothétique situation « réelle », biographique notamment, à partir de ces bribes serait poser au texte une question à laquelle, par définition, il ne peut répondre. Ce serait méconnaître l'*autotélicité* bien affirmée désormais du poème (voir Adam, *op. cit.*, p. 74).

L'enchaînement d'un vers à l'autre (par exemple v. 2 à 3, v. 3 à 4), d'une strophe à l'autre (par exemple strophe 2 à 3) ne relève pas d'une logique réaliste ou d'une chronologie. Avec Apollinaire — et après Mallarmé —, le discours poétique commence à assumer ouvertement son caractère « non figuratif », si l'on veut bien accepter ce rapprochement avec la peinture de l'époque. Le caractère **discontinu** de ce discours, l'arbitraire apparent de ses associations (brebis et soldats) et de ses images (flocons d'argent, aveux qui « jonchent » l'automne) sont les marques d'une poétique en voie d'émancipation. Les rimes du premier quintil — on a déjà parlé de l'assonance « Marie », mais la rime *b* est elle aussi approximative : « mère-g*rand*» / « sonne*ront*» — semblent avoir pour fonction de manifester d'entrée de jeu cette libération esthétique.

3. 2 Une allégorie de l'écriture et de sa fonction

On s'aperçoit alors que le « y » du début renvoie au poème lui-même comme **espace de l'absence**, de la substitution d'une femme en creux, d'une femme de papier, à la femme de chair.

Le silence (v. 6) est ce qui définit la parole ambiguë du texte : il doit d'abord **faire taire** la voix de la réalité pour la remplacer par son propre discours « blanc » (très exactement noir sur blanc), par cet artifice qui fait « parler de loin » les êtres convoqués dans le champ du poème. Celui-ci émet donc la « musique lointaine » de ce qui ne peut parler qu'au prix de son annulation. Or cette musique-là, justement, le texte la fabrique avec ses moyens propres, son jeu sur les rythmes et les sonorités : c'est sa danse (« la maclotte »), sa mélodie à lui (« les cloches ») et il les *marie* en les créant (trois phonèmes identiques dans les deux noms : [klɔ]). « Les ma<u>s</u>ques <u>s</u>ont <u>s</u>ilen<u>c</u>ieux » : certes, mais c'est qu'ils parlent d'une autre voix, celle du poème précisément, que fait entendre ici l'allitération en [s].

On a vu que la « neige » figurait la blancheur du papier, symbole d'un contre-monde où tout s'abolit pour renaître sur le mode de l'absence. Le texte est donc cette *feuille* qui **ne tombe pas**, à la différence des « feuilles de l'automne », mains de la femme (v. 19) éphémères, insaisissables... et prédatrices (l'apposition « feuilles de l'automne » les soude au devenir).

3.3 Le poème comme espace ouvert (au désir)

L'absence totale de ponctuation mérite un commentaire. Le poème, à l'origine (in *Les Soirées de Paris*, n° 9, octobre 1912), était ponctué. Il ne l'est plus dès la seconde publication en revue (*Vers et prose*, t. XXXI, octobre-décembre 1912. Notes de l'éd. La Pléiade, *loc. cit.*) : « on sait que c'est à la fin d'octobre ou dans les premiers jours de novembre qu'Apollinaire décida de supprimer toute ponctuation dans sa poésie » (*ibid.*). Cette suppression mime en quelque sorte le refus de l'enfermement dans les bornes de la *mimesis* , dans le cadre trop bien défini de la poétique antérieure.

Le poème entreprend d'élaborer ses propres règles, tant rythmiques que sémantiques, afin de rendre possible le libre jeu du désir avec les éléments du mythe (œdipien de l'amour). De même qu'il ébranle les lois de la logique, de même il subvertit les thèmes poétiques (désespoir amoureux, devenir destructeur). Les données éparses du réel (femme, brebis, neige, soldats, feuilles, rivière) sont « digérées » et retravaillées par le texte qui jongle avec les images, les symboles et les mythes.

En recourant à cette esthétique du discontinu, du non borné, de l'écart, le poète s'efforce d'échapper à la **clôture du sens**, exactement comme il cherche à se soustraire au piège redoutable de la Femme.

Dans ces conditions, le « livre ancien » (v. 22) ne saurait être que la mise en abyme du texte lui-même comme instrument de souveraineté, comme lieu déplacé au sein duquel on peut se réapproprier son désir. Ce livre est donc aussi la Bible (étymologiquement : le Livre), aboutissement du champ lexical du sacré, en tant qu'elle instaure le règne de la Loi (du texte), pour triompher du désordre néantisant de la Nature.

Conclusion

Seul vrai référent du « y » où se donne la danse féminine ; parole substituée à celle du monde ; blancheur où commencent par se résorber les sirènes du réel ; *feuille* arrachée au temps pour remettre en jeu aussitôt les séductions vénéneuses du devenir ; trace inépuisable d'un objet possédé sur le mode du manque et qui, par là, *comble* en maintenant intact le désir, ce poème se met donc lui-même en abyme comme noces décalées avec une Absente. C'est pourquoi il est une *fête*, au sens où l'entendent les ethnologues, l'occasion d'une dépense délibérée, mais circonscrite à un espace et à un temps bien délimités, ceux, en l'occurrence, du poème. La fête : l'irruption préméditée du sacré, c'est-à-dire de la conjonction de l'amour et de la mort. Mais cette fête-là est consommée autour d'un centre absent, comme le signalent les fragments de fête qu'exhibe sa fiction : danse d'une femme escamotée, dont « les cloches » ne célèbrent le retour qu'en un hypothétique avenir, masques vides d'une arlequinade en demi-teintes telle qu'on la retrouve dans « Crépuscule », pièce dédiée du reste à Marie Laurencin (*Alcools*, La Pléiade, p. 64), musique lointaine... En somme, « Marie » est une fête à blanc, un mariage blanc avec une ombre : « Une épouse me suit c'est mon ombre fatale » (« Signe », *Alcools, ibid.*, p. 125). Ou encore : « Passe il faut que tu poursuives / Cette belle ombre que tu veux » (« Clotilde », *ibid.*, p. 73).

Effectuant ainsi ce qu'il énonce (les noces avec une ombre), ce poème accomplit le programme défini par Baudelaire avec la « sorcellerie évocatoire ». En outre, nourrissant sa puissance d'évocation de ses lacunes mêmes — des failles calculées de son sens, des irrégularités (encore timides) de sa facture — il est décidément moderne et illustre déjà ce que Jean Starobinski écrit lumineusement à propos de la poésie d'un grand contemporain, Philippe Jaccottet : « La limitation d'être que s'impose le poète, qu'il impose au poème, correspond à l'être immense auquel il a résolu de faire face, et vers lequel la voix et le regard jettent les fines arches d'un pont interrompu. Ce qui *peut* encore se dire va pourtant très loin : c'est une incursion merveilleuse, qui franchit une partie de l'intervalle. Mais ce n'en est toujours qu'une partie, et le seul espoir du poète est de recevoir, dans les mots qu'il a le pouvoir de prononcer, un reflet de ce qui ne se laisse pas atteindre ou maîtriser : lumière, mort ou danger[6] ».

6. Préface à Philippe Jaccottet, *Poésie. 1946-1967*, Coll. « Poésie », Gallimard, 1990, pp. 12-13.

COMMENTAIRE 5

Francis Ponge
« Le pain »
(*Le Parti pris des choses*)

La surface du pain est merveilleuse d'abord à cause de cette impression quasi panoramique qu'elle donne : comme si l'on avait à sa disposition sous la main les Alpes, le Taurus[1] ou la Cordillère des Andes.

Ainsi donc une masse amorphe en train d'éructer fut glissée pour nous dans le four stellaire, où durcissant elle s'est façonnée en vallées, crêtes, ondulations, crevasses… Et tous ces plans dès lors si nettement articulés, ces dalles minces où la lumière avec application couche ses feux, — sans un regard pour la mollesse ignoble sous-jacente.

Ce lâche et froid sous-sol que l'on nomme la mie a son tissu pareil à celui des éponges : feuilles ou fleurs y sont comme des sœurs siamoises soudées par tous les coudes à la fois. Lorsque le pain rassit ces fleurs fanent et se rétrécissent : elles se détachent alors les unes des autres, et la masse en devient friable…

Mais brisons-la : car le pain doit être dans notre bouche moins objet de respect que de consommation.

Francis Ponge, « Le pain » in *Le Parti pris des choses*, (1942),
coll. « Poésie », Gallimard, 1967, p. 46.

• *Vous ferez de ce texte un commentaire composé. Vous pourrez par exemple montrer comment, par le travail des mots et la constitution d'un réseau d'images, Ponge parvient à transfigurer poétiquement un objet banal.*

1. Taurus : ensemble de chaînes de montagnes en Turquie.

1. La transfiguration de l'objet : un anthropomorphisme paradoxal

1.1 Le *parti pris des choses*

Le titre de ce recueil, qui date de 1942, définit un programme poétique : tenter de recréer la présence brute de l'objet, en le débarrassant de tous les *a priori* esthétiques et culturels qui en défendent l'accès. Dans la série où figure le pain on rencontre aussi le cageot, la bougie, la mousse, le galet... Autant de simples choses rendues ainsi à leur native étrangeté, à moins que ce ne soit à leur vraie familiarité — celle que nous percevions depuis toujours dans notre contact avec elles en deçà des formes. Utopie que cette relation immédiate ? N'est-il pas du moins utopique d'espérer la recréer dans le langage ? Telle est en tout cas la gageure que soutient l'œuvre de Ponge. Il s'en est expliqué clairement : « Que mon travail soit celui d'une rectification continuelle de mon expression (sans souci *a priori* de la forme de cette expression) en faveur de l'objet brut[2]. » Cela implique une subversion des attitudes ou procédés poétiques ordinaires : « Quant à moi, le moindre soupçon de ronron poétique m'avertit seulement que je rentre dans le manège, et provoque mon coup de reins pour en sortir[3]. » Le poème du pain essaie donc de retrouver les qualités élémentaires du pain et vise cet objectif prométhéen : que le pain de mots devienne *consommable*.

1.2 Un nécessaire détour par les formes : les images

Or, impossible de lire ces textes maniaquement consacrés aux choses sans être frappé par un paradoxe : alors que leur projet avéré est de le décrire scrupuleusement, ils s'évadent toujours peu ou prou de leur *objet* au profit d'observations sur son nom ou de comparaisons, de métaphores. « Le cageot » commence ainsi : « A mi-chemin de la cage au cachot la langue française a cageot [...][4]. »

2. *La Rage de l'expression*, coll. « Poésie », Gallimard, 1976, p. 9.
3. *Ibid.*, p. 11.
4. *Le Parti pris des choses, ibid.*, p. 46.

« La bougie » : « La nuit parfois ravive une plante singulière dont la lueur décompose les chambres meublées en massifs d'ombre[5]. »

Car Ponge sait qu'on ne peut faire l'économie des formes à travers lesquelles nous appréhendons les choses. Il entreprend donc de se les réapproprier en taillant pour ainsi dire dans le langage, et plus généralement dans le vaste tissu des représentations, une nouvelle *image* de ces choses, une image telle que, loin de former un écran entre elles et nous, elle en capte les propriétés les plus intimes, celles auxquelles nous les reconnaîtrons. Il précise donc son programme en ce sens : « [...] ne jamais m'arrêter à la forme *poétique* — celle-ci *devant* pourtant être utilisée à un moment de mon étude parce qu'elle dispose un jeu de miroirs qui peut faire apparaître certains aspects demeurés obscurs de l'objet. L'entrechoc des mots, les analogies verbales sont *un* des moyens de scruter l'objet » (*La Rage de l'expression,* p. 10).

Le poème fait donc un détour par les formes pour mieux atteindre les choses. Il doit, comme il l'avoue lui-même, s'attarder « d'abord » à l'« impression » causée par l'objet s'il veut s'en approcher. On remarquera qu'aucun « ensuite » ne répond à ce « d'abord » : tel quel, l'adverbe acquiert une sorte d'autonomie qui en fait comme la trace dans le texte de la nécessaire prise en compte **préalable** des représentations. Avec la volonté de les retravailler, de les *pétrir* pour que, rendues plus malléables, elles aient quelque chance d'épouser les contours de l'objet.

Tel est donc le *pain* que l'écrivain a *sur sa planche*.

L'attaque du poème est significative. Ponge choisit de substituer au mot propre « croûte » une périphrase, « La surface du pain ». Grâce à cette opération inaugurale, il élude l'enfermement de la chose dans le mot et ouvre dans le langage des brèches qui lui fourniront, espère-t-il, un accès jusqu'à elle.

Les premiers instruments poétiques de récupération de l'objet à l'intérieur du champ des formes sont les comparaisons et les métaphores. A partir de l'adjectif « panoramique » qui fonctionne comme un embrayeur puisqu'il implique un paysage qu'on embrasse du regard, elles installent une isotopie seconde, cosmique, qui se superpose à l'isotopie dénotative première (le pain, son aspect, sa consistance), s'entrecroise avec elle pour former, justement, ce « tissu » dont le pain lui-même va s'avérer la métaphore. Tant il est vrai que l'enjeu du texte est la transplantation-possession des choses dans le langage.

5. *Ibid.*, p. 39.

Comparaisons

De la croûte avec les dessins de son relief à des massifs montagneux : «*comme si* l'on avait à sa disposition sous la main les Alpes, le Taurus et la Cordillère des Andes ». Cette première comparaison se prolonge dans la seconde strophe par une métaphore filée assimilant la pâte mise à cuire dans le four (« une masse amorphe ») à ce que fut le globe terrestre, boule de feu et de gaz « durcissant » en se refroidissant ; et le four devient alors « stellaire » (valeur dénotée : le vide intersidéral) par croisement avec l'isotopie cosmique.

Comparaison de la consistance de la mie de pain à celle « des éponges », et des linéaments solidaires qui la composent à « des sœurs siamoises ».

Métaphores

Se boursoufler, se gonfler de bulles, c'est, pour la pâte en train de cuire, « éructer ». Protubérances et dépressions de la croûte se muent en « vallées, crêtes, ondulations, crevasses ». Puis un glissement conduit de l'orographie à la géométrie (« ces plans ») et à l'architecture (« ces dalles »), c'est-à-dire à l'univers des formes. Sous la croûte le texte découvre un « lâche et froid sous-sol ». La mie enfin se fait végétale : « feuilles ou fleurs ». La métaphore est ensuite filée : si le pain rassit, « ces fleurs fanent ».

Il faut bien cerner la fonction de ces images multipliées. Dans l'expérience humaine — telle qu'elle est ramassée et fondue dans une « impression », première étape de l'aventure poétique menant en deçà du découpage trop net des concepts —, elles décèlent et formulent des correspondances avec la chose qui est l'innommable. Entre les mots, les catégories, les domaines bien tranchés du savoir où cette expérience a été recueillie mais où elle s'est aussi aliénée en se figeant (en l'occurrence l'alimentation et la géographie, la géométrie, l'architecture et la boulange ; la terre et la mer, les éponges et les fleurs...), les images reconstituent une solidarité, elles tissent des liens dans tous les sens : elles refont de l'esprit ordonné (exilé ? desséché ?) dans le langage une *pâte,* aliment plastique du désir. Et la culture s'en trouve retournée comme un gant : elle n'est plus ce qui exile l'homme loin des choses (« Le monde muet est notre seule patrie », affirme Ponge qui reconnaît aussi : « À noter que j'éprouve les plus grosses difficultés du fait du nombre énorme d'images qui viennent se mettre à ma disposition (et masquer, mettre des masques à la réalité) [...]. » (*La Rage de l'expression*, p. 201), mais devient instrument pour les approcher dans leur existence brute.

La poésie les lui restitue. Celle de Ponge est recherche du paradis perdu des choses dans le tissu patiemment remodelé, tenacement révolutionné des mots.

1.3 La réunion de l'*anthropos* au *cosmos*

Ce faisant, elle accomplit éminemment le programme de toute poésie : réconcilier l'*anthropos* avec le *cosmos*. Le poème du pain le fait de plusieurs façons.

D'une part, par la grâce des images, il convoque et concentre dans l'objet le plus courant qui soit, celui que l'homme a toujours — ou devrait avoir — « sous la main » (c'est notre *pain quotidien* : par là déjà Ponge défie Dieu en se substituant à lui : « Il s'agit, une fois de plus, de cueillir le fruit défendu, n'en déplaise aux puissances d'ombre, à Dieu l'ignoble en particulier. » *ibid.*, p. 172) les grands personnages cosmiques : montagnes, mer (« éponges »), végétation (« feuilles et fleurs »), soleil (les « feux » de la lumière), le cosmos lui-même au sens strict (« le four stellaire »). Les quatre éléments se rassemblent, miracle, dans le pain : air (l'espace infini), terre (montagnes), mer, feu (solaire). La poésie recrée à partir de lui un objet total. Le monde comme totalité est présent dans l'objet poétique.

Mais cette opération capitale de fusion s'accroît du rôle joué par les personnifications, nombreuses. De la pâte ; la métaphore « éructer » débouche en effet sur une personnification, le verbe se disant d'une personne qui « renvoie par la bouche les gaz contenus dans l'estomac » (*Petit Robert*). De la lumière, douée d'une volonté : « la lumière *avec application* couche ses feux », dotée d'un « regard ». De la mie-sous-sol, pourvue d'un caractère : elle est « lâche ». Ponge joue en effet sur la polysémie de l'adjectif : il présente à la fois son sens concret (qui n'est pas tendu, qui est mou) et son sens abstrait (« qui est d'autant plus cruel qu'il est assuré de l'impunité », *Petit Robert*). Il fonctionne donc comme pivot entre l'isotopie 1 (le pain, sa mie) et l'isotopie 2 (le monde-mère dévorateur). Enfin, ses particules sont « soudées par tous les coudes à la fois » comme le seraient des « sœurs siamoises ».

Ces personnifications remplissent un rôle foncièrement double. Le réel se trouve par elles humanisé ; il perd de son étrangeté. Mais l'inverse est aussi vrai : l'humain est par là projeté dans les choses, il s'y agglomère et, s'y logeant, pense échapper à son ghetto. On voit que, des deux façons, les personnifications contribuent à confondre *anthropos* et *cosmos*.

Enfin, il faut prendre garde que le pain n'est pas l'orange ni la pluie. Lui est produit par l'activité humaine. Il est lié à l'homme (*faber* et *sapiens*) par une relation métonymique étroite. Les affinités cosmiques que le texte lui découvre, mais aussi les traits anthropomorphes qu'il prête à ses comparants, permettent donc de ressouder par son entremise culture et nature.

Or pour atteindre ce résultat, il a fallu le travail du *logos* poétique, agent d'une subtile **dialectique des formes et de l'informe**. C'est elle que nous allons maintenant examiner.

2. De l'informe aux formes : un projet « classique »

2.1 De l'amorphe *fond des choses* au texte

Archéologie du pain : genèse des formes

Le texte explore une genèse en remontant vers l'origine en une sorte de descente aux enfers. On part en effet de la « surface » solidifiée (première strophe ; le mot annonce un approfondissement) pour en venir bien vite à la boule de pâte. Cette « masse amorphe », c'est donc la pâte informe et ductile, origine du pain, mais plus encore origine du monde (isotopie 2), et donc plus généralement matrice des formes.

Examinons de plus près cette pâte, puisque tout vient d'elle.

D'une part elle est le monde **élémentaire** en tant qu'il est étranger aux formes (sens étymologique de « a-morphe »), en deçà du langage. D'autre part, en vertu du caractère indirect de la relation de l'homme au monde — médiatisée par les représentations — la pâte est **aussi** le chaos initial des données parasitaires sur l'objet, la « masse amorphe » des intertextes, bref, le paquet des formes héritées et envahissantes que le texte doit entreprendre de traiter pour les rendre adéquates à l'objet. Recyclage ou retraitement poétique dont Ponge donne ailleurs la formule allégorique : « La lessiveuse est conçue de telle façon qu'emplie d'un amas de tissus ignobles *[on notera l'emploi du même adjectif pour qualifier la mie]*, l'émotion intérieure, la bouillante indignation qu'elle en ressent, canalisée vers la partie supérieure de son être retombe en pluie sur cet amas de tissus ignobles qui lui soulève le cœur — et cela quasi perpétuellement — et que cela aboutisse à une purification[6]. » « J'ai besoin du magma poétique, *mais c'est pour m'en débarrasser* » (*La Rage de l'expression,* p. 171).

Dans les deux cas il convient d'enregistrer l'affleurement de la figure mythique de la Mère dévorante (attirante et castratrice). Ce qui reste du magma primitif, « la mollesse ignoble sous-jacente » de la mie, est d'abord en effet rapporté à une zone de l'espace culturellement associée à l'élémentaire et à l'originel : l'en bas, le dessous (« sous-jacente », « sous-sol »). Ensuite la comparaison de la texture de la mie à celle des « éponges » installe une relation d'équivalence entre ce soubassement et la mer, laquelle est un des signifiants symboliques les plus universels de l'entité maternelle primitive. On observera enfin que la plupart des mots employés pour décrire ou qualifier la mie sont, comme elle, féminins : « mollesse », « éponges », « feuilles », « fleurs », « sœurs ». A cette féminité le dernier terme de la série ajoute un sème humain, de sorte qu'elle vient étoffer le symbolisme maternel de la mer.

Les trois noms masculins (« sous-sol », « tissu », « coudes ») peuvent être lus comme la trace de l'effort du *texte* (du « tissu » précisément) pour s'arracher à l'attraction menaçante de l'origine (on se souvient que « lâche » note **aussi** la cruauté, « froid » notant pour sa part l'insensibilité et s'opposant au feu purificateur de la lumière d'en haut). Et cette menace explique la répulsion qu'exprime ouvertement « ignoble ».

Le poète résiste au vertige en imposant à la pâte toutes les formes d'un **ordre**: des *figures* de style à la composition en passant par les diverses régularités auxquelles il soumet son matériau.

Une allégorie du texte

Donc le pain, ce cru transformé en cuit, est allégorique du texte.

Qui fait du reste plus d'une allusion à lui-même comme superstructure de formes dressée sur le substrat mou du donné brut. Le mot « articulés » embraye sur une troisième isotopie, celle, donc, du texte. Polysémique, il réfère en effet à la configuration géométrique de la croûte du pain mais simultanément il le fait à une propriété essentielle du langage en même temps qu'à la charpente logique exceptionnellement marquée du poème. Autre embrayeur, le « tissu » qui renvoie au texte *via* l'étymologie (latin *textus,* « tissu, trame »), l'isotopie se prolongeant jusqu'à la fin du poème. On

6. *Pièces* (1962), coll. « Poésie », Gallimard, 1971, p. 75.

mettra également au compte de la réfraction dans le discours du fonctionnement textuel le tiret qui détache le groupe « sans un regard pour la mollesse ignoble sous-jacente ». L'idée : la surface du pain dédaigneuse de sa propre assise, est en effet pour ainsi dire mimée par l'inscription sur la page des mots qui l'expriment, relégués qu'ils sont à l'extrémité — au *bas bout* — de la seconde strophe.

Les replats de la croûte sont des « dalles minces où la lumière avec application couche ses feux ». Trois strates de sens peuvent être discernées dans le verbe. Il a d'abord ici la valeur de « rapprocher de l'horizon ce qui est naturellement vertical » (*Petit Robert*) : le soleil couchant dore de ses rayons la croûte du pain comme il ferait d'un paysage. Mais « coucher », au sens figuré, c'est *mettre par écrit* (une clause dans un contrat par exemple), de sorte que l'« application » est aussi celle avec laquelle l'écrivain élabore son texte. Enfin le verbe tire de son sens premier une connotation érotique, étayée par le complément « ses feux » (préféré à « ses rayons ») qui connote en retour son sens littéraire de « passion amoureuse ».

Si l'on ajoute que la métaphore « dalles » implique un pavement, comme d'un parvis ou, mieux, d'une scène ; que « minces » note moins la fragilité de la construction que l'art dresse sur l'abîme qu'une sorte d'ascèse au prix de laquelle l'artiste se dégage de l'enflure obscène du bas. Si enfin on constate que ces « feux » par quoi l'écriture élabore, *cuit* ce qui était cru et indigeste, s'opposent au gouffre marin, au soubassement « froid » dont ils convertissent la substance en flamme. Si donc l'on rassemble — à l'invitation du texte qui les tresse — toutes ces déterminations, on aboutit à peu près à ceci : écrire, c'est dresser un théâtre sacré où se joue, comme en une cérémonie maigre, la consomption du désir qui s'accomplit en *flambant* mais à blanc dans les formes, en y brûlant l'eau-de-vie qu'il a puisée dans la pâte originelle — comme on *brûle* dans les figures libres d'un sport l'alcool qu'on a dans le sang. En un feu *d'artifice*.

2.2 Le démiurge

La deuxième strophe offre le raccourci d'une triple genèse : celle du pain, celle du monde, celle du texte. En créant le pain-texte le poète **recrée** le monde. Il rejoue à toute allure le drame de sa naissance à partir du chaos pour y mettre l'ordre du texte. Il reconstitue sa genèse mais dans le champ des formes, pour le débarrasser une fois pour toutes de la pesanteur de son origine.

L'écrivain se pose donc en démiurge. Le texte en porte la trace en creux. La pâte, est-il écrit, « fut glissée pour nous dans le four stellaire ». Après le verbe au passif, pas de complément d'agent : la place du créateur est laissée vacante, et le poète s'y glisse discrètement. S'il est le dieu de cette nouvelle création du monde, il entend demeurer en retrait. Cela se marque encore par un autre escamotage du créateur avec le recours à la voix pronominale : « elle *s'est façonnée* en vallées [...] ». De nouveau le poète-boulanger s'efface de sa création, dans un souci sans doute d'impersonnalité néo-classique, lui-même lié au projet quasi scientifique de Ponge : réinventer dans le langage la présence authentique des choses. Lié, en somme, à sa volonté d'objectivité.

Il n'empêche qu'il est un voleur de feu. S'il reconstitue les choses dans les mots, c'est pour que ses frères humains n'en soient plus tragiquement séparés et que le pain ne leur soit pas *ôté de la bouche*. Il recrée un monde qui soit, lui, habitable par eux, et consommable. Il le recrée pour eux en lui assignant une finalité humaine : « pour nous ». Résumons : l'artiste accomplit le programme prométhéen consistant à fabriquer pour ses semblables un monde bis où la satisfaction du désir ne soit plus un fruit défendu par la barrière du langage, puisque ce monde est *façonné* dans le langage.

Laissons Ponge conclure sur ce point : « Il semblerait [...] que je dusse préférer encore (à La Fontaine, Rameau, Chardin, etc.) un caillou, un brin d'herbe, etc. / Eh bien ! oui et non ! Et plutôt non ! Pourquoi ? / Par amour-propre humain. Par fierté humaine, prométhéenne. / J'aime mieux un objet, *fait* de l'homme (le poème, la création métalogique) qu'un objet sans mérite de la Nature » (*Proêmes* in *Le Parti pris des choses, ibid.*, p. 194).

Le poète est donc dieu plus encore peut-être en ce qu'il fait advenir les choses à l'ordre du *logos* — et l'on est ici à l'extrême pointe du paradoxe signalé au début de cette étude : « Au mois d'août 1940 je suis entré dans la familiarité des bois de pins. A cette époque, ces sortes particulières de hangars, de préaux, de halles naturelles ont acquis *leur chance de sortir du monde muet*, de la mort, de la non-remarque, pour entrer dans celui de la parole, de l'utilisation par l'homme à ses fins morales, enfin dans le Logos, ou, si l'on préfère et pour parler par analogie, dans le Royaume de Dieu » (*La Rage de l'expression, ibid.*, p. 114).

2.3 Du désordre à l'ordre

Un poème *articulé*

On ne peut qu'être frappé par la tonalité curieusement argumentative conférée par Ponge à ce qui demeure pourtant, sans discussion, un poème — nous avons suffisamment insisté sur son *autotélicité*: son discours se prend lui-même *pour objet*. L'abondance des connecteurs est patente : « d'abord », « Ainsi donc », « Et ... dès lors », « alors », « Mais », « car ». Qu'en pouvons-nous déduire ? D'abord, sans doute, que s'affirme une rationalité, celle du *logos* imprimant sa marque au chaos et en canalisant la poussée : « Mais une raison qui ne lâcherait pas en route le sensible, / Ne serait-ce pas cela, la poésie : // Une sorte de *syl-lab-logisme* ? » (*Pièces, ibid.*, p. 174). On aura noté l'effort de synthèse, capital, entre raison et sensible.

Ensuite la netteté de l'articulation logique (« ces plans si nettement articulés ») participe d'un projet qu'on pourrait presque qualifier de pédagogique : Ponge entend nous apprendre méthodiquement à retrouver les qualités si indispensables du pain dans le pétrissage des mots.

Toute-puissance des figures

Deux exemples de cette tendance du texte à l'ordre. Une construction ternaire (avec gradation, la masse verbale augmentant dans le troisième terme) clôt la première strophe : « [...] les Alpes, le Taurus ou la Cordillère des Andes. » Un examen des trois éléments montre qu'à ses vertus rythmiques cette figure ajoute un souci d'harmonisation du divers : synthèse du masculin (« le ») et du féminin (« la ») ; du singulier et du pluriel (en chiasme) : « les »-« le » / « la »-« des » ; de l'est (le Taurus, chaînes de montagnes en Turquie) et de l'ouest (les Andes) autour du centre (les Alpes). Le mot même de « Cordillère », qui signifie « chaîne », renvoie à cette faculté qu'a le texte de relier les éléments disparates et d'en faire un tissu homogène.

La seconde et dernière phrase de la seconde strophe est nominale, et elle est la seule de ce type. L'absence de verbe semble souligner la conquête d'un état, le début d'une ère de stabilité, par ailleurs noté par « dès lors ». N'est-ce pas le retentissement dans l'ordre du style de ce que la phrase énonce, à savoir l'entrée du pain-texte dans l'univers des formes et des figures (« plans », « dalles ») après qu'il s'est affranchi de son origine (« la mollesse ignoble sous-jacente ») et aurait de ce fait rompu avec le mouvement : « Je hais le mouvement qui déplace les lignes » (Baudelaire, « La Beauté »). Mais déjà le naturel, « le sensible » revient au galop.

Du classicisme à la « science »

Dans ce poème-discours, l'énonciateur ne se cache pas : emploi de la première personne (déictiques « nous » et « notre », impératif « brisons »), modalisateurs (« quasi », « doit »), marqueurs d'affectivité (« merveilleuse », « ignoble »)... Aucun lyrisme pourtant. Enthousiame et dégoût veulent être communicatifs : l'investissement du poète dans son texte est à mettre au compte de l'intention didactique.

Celle-ci s'inscrit à son tour dans une démarche classique. Le classicisme de l'auteur, revendiqué par lui-même — « C'est à un homme simple que nous tendrons. Blanc et simple. Nouveau classicisme. » (*Proêmes, ibid.* p. 217) — a maintes fois été remarqué. Il se traduit ici par l'effort vers l'impersonnalité (avec l'emploi du « on » : « comme si l'on avait... que l'on nomme... » et l'ambition de formuler des lois générales (le « nous » a valeur collective), des règles universelles, à l'instar des morales des *Fables* de La Fontaine, son modèle, comme celle de « Le Lion et le Rat » : « N'y a-t-il pas là plutôt une perfection quasi scientifique, une naissance de formule ? [...] C'est à de pareils proverbes que j'aimerais aboutir » (*La Rage de l'expression, ibid.,* p. 204).

Scientifique : le mot est lâché. La poésie de Francis Ponge telle que l'illustre « Le pain » est une science d'un genre particulier : « Oui, je me veux moins poète que "savant". — Je désire moins aboutir à un poème qu'à une formule, qu'à un éclaircissement d'impressions. S'il est possible de fonder une science dont la matière serait les impressions esthétiques, je veux être l'homme de cette science » (*ibid.*, pp. 202-203).

3. Renversement dialectique : Texte pulvérisé, poème en miettes

3.1 La tension entre les formes et l'informe

Il est maintenant indispensable de faire observer que, dans le temps même où le texte s'efforce à l'ordre et s'enchante d'offrir ses formes incorruptibles à la lumière, il ne laisse pas d'être hanté par la nécessité vitale de rester perméable au flux aveugle de la matière.

Une composition alternative

Il est aisé de distinguer six temps dans la composition du poème. De l'un à l'autre on remarque un mouvement d'alternance entre les formes dûment construites et solidifiées (1, 3, 5) et la substance amorphe — ou émiettée —, pâte ou mie (2, 4, 6) : 1. La croûte, ses dessins, sa géographie (1er §) ; 2. La « masse amorphe » (2e §, « Ainsi donc [...] four stellaire ») ; 3. Croûte durcie, « plans » géométriques, « dalles » théâtrales (2e § « où durcissant [...] ses feux ») ; 4. La mie, sa « mollesse », sa structure spongieuse (2e et 3e §: «— sans un regard [...] à la fois. ») ; 5. Le pain rassis devient friable (3e § « Lorsque le pain rassit [...] friable... ») ; 6. Il faut briser le pain durci pour qu'il soit propre à la « consommation » (4e §).

L'alternance est signe d'une tension capitale entre formes et informe ou, pour reprendre les mots de l'auteur, « raison » et « sensible ». Il n'est pas exagéré d'affirmer maintenant que ce qui confère au texte sa puissance d'évocation en l'*animant*, c'est ce va-et-vient permanent entre les deux pôles. Cette tension se traduit encore par le décalage qui vient d'être constaté entre le découpage en strophes, d'une part, qui constitue la *forme* générale du poème et, d'autre part, la distribution de la substance du texte entre formes et informe. Pour résumer d'une formule naïve, le contenu du poème déborde continuellement sa forme. Par là est contestée sa prétention à se désolidariser de l'origine.

Le littéraire et le trivial

Considérons le choix du verbe « éructer ». Il est fort intéressant car en lui aussi se joue la tension signalée. Employé métaphoriquement, le verbe réfère au gonflement de la pâte mais il connote son sens propre, lequel est trivial (« roter »). Mais simultanément le mot a une coloration littéraire. De nouveau les deux postulations coexistent ou, mieux, se confondent.

Vers un dépassement dialectique de l'opposition

De fait, le texte ne s'en tient nullement à une opposition statique entre le dur et le mou, entre la croûte et la mie, entre l'esprit et la matière, la lumière et la nuit (des profondeurs). Chaque terme de l'opposition tend à emprunter les propriétés de l'autre.

Dans la troisième strophe, la consistance abjecte de la mie se trouve en quelque sorte rachetée du fait de sa prise en charge par le langage et de son inscription dans le texte. Dès lors en effet qu'elle est « nommée », elle se plie au *logos* et l'ignoble mie devient l'*amie* (« que l'on *nomme la mie*») ; son « tissu » s'est mué en texte. Les « feuilles » ou les « fleurs » symbolisent l'épanouissement des racines souterraines dans les formes apolliniennes et transfigurent la texture spongieuse, saturée d'eau marine, de la mie. Davantage, la strophe commence par deux alexandrins blancs parfaits, les seuls du poème : « Ce lâche et froid sous-sol/ que l'on nomme la mie // a son tissu pareil/ à celui des éponges ». La tenue très serrée et comme théâtrale du rythme vise à contrebalancer le relâchement sournois du substrat maternel.

Donc le « fond » s'est dédoublé ; le langage poétique le double d'une réplique habitable. Ce dédoublement capital — il fonde toute entreprise artistique —, voici qu'il est thématisé dans le texte par le couple « feuilles *ou* fleurs » et plus encore par les « sœurs siamoises », comble de la gémellité. Toujours le texte ramène à lui-même, en l'occurrence à sa structure la plus profonde.

Au point que les deux plans deviennent inextricables. Le *logos* qui arrachait le magma amorphe à sa nuit perd de sa rigidité, il se décompose, il **reflue vers l'informe** et c'est à ce mouvement, inverse du précédent, que le texte fait maintenant allusion : « feuilles ou fleurs y sont comme des sœurs siamoises soudées par tous les coudes à la fois ». Les allitérations en [f] (feuilles, fleurs, fois), en [r] (fleurs, sœurs, par), en [k] (comme, coudes), en [m] (comme, siamoises), en [s] surtout, à l'initiale (sont, sœurs, siamoises, soudées) ; les assonances en [œ] (fleurs, sœurs), en [u] (ou, soudées, tous, coudes) ; les combinaisons de ces phonèmes (par exemple, « soudées par tous les coudes » = [. ude... tu .e .ud]), toutes ces sonorités tissent effectivement un réseau à travers les mots de la phrase, elles les « soudent » comme font les coudes pour les siamoises. Mais, au-delà des lignes sonores, c'est l'ensemble des réseaux associatifs qui se trouve ainsi mis en abyme. Grâce à eux, le sens est rendu à une **circulation** intense qui irrigue le texte et en fait un organisme vivant. Comme le monde. Ce que Ponge a proposé d'appeler un « objeu ». Voici la définition qu'il donne de ce « point de vue » singulier sur l'objet : « Qu'on le nomme *nominaliste* ou *cultiste* ou de tout autre nom, peu importe : pour nous, nous l'avons baptisé l'*Objeu*. C'est celui où l'objet de notre émotion placé d'abord en abîme, l'épaisseur vertigineuse et l'absurdité du langage, considérées seules, sont manipulées de telle façon que, par la multiplication intérieure des rapports, les liaisons formées au niveau des racines et les significations bouclées à double tour, soit créé ce fonctionnement qui seul peut rendre compte de la profondeur substantielle, de la variété et de la rigoureuse harmonie du monde » (*Pièces, ibid.,* p. 137).

Mais déjà les dessins *de surface* du pain étaient pour ainsi dire aspirés de l'intérieur par le cœur amorphe mais vivant de la chose : « [...] où durcissant elle s'est façonnée en *vallées*, crêtes, ondulations, *crevasses*». Deux groupes binaires articulés par un chiasme. Aux deux extrémités, encadrant donc l'élancement des formes vers le haut et la lumière, les deux dépressions — la seconde plus franche et comme sans fard — ouvrant sur le dessous, sur l'enfer des métamorphoses, dont il ne faut pas se couper de peur qu'il devienne un paradis perdu.

3.2 Sous les « dalles » la plage

La partie 5 du poème doit évidemment être lue comme un prolongement de la métaphore pain-texte. Le pain rassit, ses fleurs fanent, il perd son homogénéité ... A quoi ce processus bien familier correspond-il dans l'isotopie n° 3 ? La réponse se laisse déduire de l'analyse qui précède : le danger qui guette le texte, c'est de se couper des choses, de perdre contact avec « le sensible ». Ponge se met en garde lui-même contre cette fâcheuse éventualité : « Ainsi, écrivant *sur* la Loire d'un endroit des berges de ce fleuve, devrai-je y replonger sans cesse mon regard, mon esprit. Chaque fois qu'il aura *séché* sur une expression, le replonger dans l'eau du fleuve » (*La Rage de l'expression, ibid.,* pp. 9-10).

Trop loin de la pâte liquide — magma des choses **et** magma du langage traité poétiquement, comme une chose —, le texte se dessèche, il devient creux, sans valeur, sans vrai pouvoir d'évocation. Comme dans un organisme mort le sang, le sens ne circule plus et le pain-texte se désagrège, devient « friable » (ce que miment encore ici les trois points de suspension placés après l'adjectif).

Aussi bien l'impression causée par la croûte était-elle «*quasi* panoramique ». La restriction discrètement notée par l'adverbe est de taille : il s'agit de ne pas oublier que « Les choses et les poèmes sont inconciliables » (*La Rage de l'expression, ibid.,* p. 10). Le pain-texte n'est pas le monde, il n'a de chance de s'en approcher que s'il se retrempe toujours à sa source — matérialité des choses, matérialité des mots.

3.3 Retour aux sources

La réussite du poème, de ce point de vue, se mesure au fait que dans la dernière strophe les deux isotopies convergent et se superposent exactement : le pain cosmique est le texte et *vice versa*. La polysémie, calculée, est exemplaire. « Mais brisons-la » : brisons la « masse » racornie du pain devenu dur et immangeable, et « brisons là » : « mettons fin à cette conversation, à cette discussion » (*Petit Robert*). Si le texte s'est vidé de son sens comme le pain rassis de sa sève, il faut le remettre en chantier, casser sans regret ses formes, le mettre *en miettes* pour que se reconstituent les réseaux où le sens pourra de nouveau librement circuler. Au diable l'académisme et les belles formes (car *on ne* mange *pas de ce pain-là*) : « le pain doit être dans notre bouche moins objet de respect que de consommation ». Il faut que « dans notre bouche » les mots redeviennent nourriture, objet de jouissance comme du bon pain : objet de « (jouis-)sens » (voir Adam, *op. cit.,* pp. 109-110).

Ainsi l'auteur nous invite-t-il à ne pas nous satisfaire d'un texte qui serait *fini* mais à reprendre la lecture pour en remettre les mécanismes en branle et en relancer le sens. En somme, il nous incite à revenir au début : à partir de la « surface » du texte, on explorera sa genèse, on côtoiera ses crevasses, on ranimera le grand théâtre de ses figures sans dédaigner de se frotter au chaos régénérateur de son origine.

À ce compte seulement le fruit n'est plus défendu. On l'a réellement « sous la main », tangible, palpable (la redondance « à sa disposition sous la main » met la puce à l'oreille ; elle avertit d'avoir à prendre la seconde expression au pied de la lettre : c'est une syllepse). Incorporé matériellement au langage, il est devenu propre à la « consommation ». Inversement, le poème n'est pas un *fruit sec* : il s'est incorporé la substance de la chose en faisant droit à sa propre matérialité de texte, en se traitant comme une chose, pourvue de tous ses attributs, signifiants et signifiés entremêlés dans tous les sens.

C'est ainsi qu'il pourrait être notre pain quotidien.

COMMENTAIRE 6

Molière
Dom Juan, (acte V, scènes 5 et 6)

SCÈNE V

DON JUAN ; UN SPECTRE *en femme voilée*; SGANARELLE.

LE SPECTRE. — Don Juan n'a plus qu'un moment à pouvoir profiter de la miséricorde du Ciel ; et, s'il ne se repent ici, sa perte est résolue.

SGANARELLE. — Entendez-vous, Monsieur ?

DON JUAN. — Qui ose tenir ces paroles ? Je crois connaître cette voix.

SGANARELLE. — Ah ! Monsieur, c'est un spectre : je le reconnais au marcher.

DON JUAN. — Spectre, fantôme, ou diable, je veux savoir ce que c'est. *(Le Spectre change de figure, et représente le Temps avec sa faux à la main.)*

SGANARELLE. — Ô Ciel ! voyez-vous, Monsieur, ce changement de figure ?

DON JUAN. — Non, non, rien n'est capable de m'imprimer de la terreur, et je veux éprouver avec mon épée si c'est un corps ou un esprit. *(Le Spectre s'envole dans le temps que Don Juan le veut frapper.)*

SGANARELLE. — Ah ! Monsieur, rendez-vous à tant de preuves, et jetez-vous vite dans le repentir.

DON JUAN. — Non, non, il ne sera pas dit, quoi qu'il arrive, que je sois capable de me repentir. Allons, suis-moi.

SCÈNE VI

LA STATUE, DON JUAN, SGANARELLE.

LA STATUE. — Arrêtez, Don Juan. Vous m'avez hier donné parole de venir manger avec moi.

DON JUAN. — Oui. Où faut-il aller ?

LA STATUE. — Donnez-moi la main.

DON JUAN. — La voilà.

LA STATUE. — Don Juan, l'endurcissement au pêché traîne une mort funeste, et les grâces du Ciel que l'on renvoie ouvrent un chemin à sa foudre.

DON JUAN. — Ô Ciel ! que sens-je ? Un feu invisible me brûle, je n'en puis plus, et tout mon corps devient un brasier ardent. Ah !

(Le tonnerre tombe avec un grand bruit et de grands éclairs sur Don Juan ; la terre s'ouvre et l'abîme ; et il sort de grands feux de l'endroit où il est tombé.)

SGANARELLE. — [Ah ! mes gages ! mes gages !] Voilà par sa mort un chacun satisfait : Ciel offensé, lois violées, filles séduites, familles déshonorées, parents outragés, femmes mises à mal, maris poussés à bout, tout le monde est content. Il n'y a que moi seul de malheureux. [Mes gages, mes gages, mes gages !]

Molière, *Dom Juan* (1665) Acte V, scènes 5 et 6 ;
éd. Le livre de poche, pp. 90-92.

INTRODUCTION

Dans le théâtre classique, subordonné à une « dramaturgie de la clôture » (Charvet, p. 39), le dénouement met un terme aux tensions qui sous-tendaient l'action dramatique et, ce faisant, il jette un éclairage rétrospectif sur les enjeux et les significations de la pièce.

En dépit des irrégularités qu'il présente par rapport aux canons classiques, le dénouement du *Dom Juan* de Molière (1665), concentré dans les deux dernières scènes (5 et 6) de l'acte V, le confirme pleinement. On sait que l'insolent mépris dont le jeune aristocrate fait preuve à l'égard des lois tant humaines que divines a attiré sur lui mises en garde et menaces, lesquelles ont culminé dans la venue chez lui de la statue d'un Commandeur qu'il tua. La conversion tactique que Don Juan affiche au début du dernier acte ne suffit pas à écarter le châtiment annoncé. Un « spectre » apparaît en effet (scène 5), bientôt suivi de la statue du Commandeur qui précipite le libertin dans les feux de l'enfer (scène 6). Plus que par leur succession en *crescendo*, les deux apparitions fantastiques frappent par la remarquable complémentarité qui les soude.

Nous commencerons par montrer que Molière a joué très habilement d'une **théâtralisation** appuyée de ces deux figures empruntées au registre du merveilleux, pour récuser indirectement l'instance divine dans le temps même où, *deus ex machina*, elle semble triompher. Inversement, nous insisterons ensuite sur la complexité et la densité du personnage du coupable dont cette fin sublime redit le rationalisme prométhéen, en même temps qu'elle pousse à ses dernières conséquences sa quête mystique d'un absolu jusque-là insaisissable. Son refus intraitable de tout ce qui entrave le désir nous apparaîtra limité, certes, aux dimensions d'une révolte individuelle, mais aussi agent d'un dévoilement radical du réel : c'est face à sa réalité mise à nu que nous retrouverons donc, pour finir, le valet Sganarelle.

1. Les voix du Seigneur sont décodables

1.1 Un dialogue de sourds

Un fait remarquable sollicite d'emblée l'analyse : le Spectre s'adresse à Don Juan non point directement mais à la troisième personne : « *Don Juan* n'a plus qu'un moment [...] ; et, s'*il* ne se repent ici [...]. » C'est que le jeune libertin s'est montré invariablement hostile à la Loi dominante (sociale, morale, religieuse), étranger à ses valeurs — il « traite de billevesées tout ce que nous croyons », expliquait Sganarelle (I, 1) —, rebelle à ses injonctions. Il est donc surabondamment établi en cette fin de pièce que Don Juan, sourd à la voix de la Loi, ne saurait entendre ses porte-parole. Or, précisément, le Spectre n'est rien d'autre qu'une résultante, la somme des avertissements lancés tout du long par les autres ; la phrase : « s'il ne se repent ici, sa perte est résolue », ne fait que répéter en les condensant les imprécations de tous.

On s'aperçoit même que le Spectre emploie ici les mêmes mots que ceux (nous les mettons en italique) dont se servait Elvire (IV, 6) venue conjurer son infidèle époux de s'amender pour échapper à la colère divine : le Ciel, lui disait-elle, « m'a inspirée de vous venir trouver, et de vous dire, de sa part, que vos offenses ont épuisé sa *miséricorde*, que sa colère redoutable est prête de tomber sur vous, qu'il est en vous de l'éviter par *un prompt repentir*, et que peut-être vous n'avez *pas encore un jour* à vous pouvoir soustraire au plus grand de tous les malheurs ». Elle le suppliait de « prévenir [sa] *perte* ». Il serait absurde de conclure de ces similitudes, comme on l'a fait parfois, que le Spectre **est** Elvire. Sa métamorphose fait de lui, à n'en pas douter, un être surnaturel. Le réemploi des propos d'Elvire, parangon des fidèles de la Loi, invite à considérer que le véritable énonciateur des paroles du Spectre, c'est l'ensemble de la communauté définie par son adhésion aux valeurs que bafoue Don Juan. L'absence de complément d'agent après « sa perte est résolue » va dans le même sens. Résolue par qui ? Si la case syntaxique est laissée vide, c'est pour inviter le spectateur à y substituer la société au Dieu absent.

En somme, cette parole indirecte constitue une utilisation assez particulière de la double communication qui caractérise le discours théâtral. Tout se passe comme si le Spectre, renonçant à parler à Don Juan, prenait le public à témoin de l'imminence du châtiment. Et ce, parce que le public est censé partager, comme Sganarelle, les valeurs dont le Spectre est le truchement. Au point qu'on pourrait dire que, par la bouche du fantôme, parle ni plus ni moins que la *vox populi* — c'est-à-dire, d'une certaine façon, la *vox dei* ; apercevant le Spectre, à la fin de la scène précédente, Sganarelle s'était écrié : « Ah, Monsieur, c'est *le Ciel qui vous parle.* »

Cependant ces deux scènes visent à opérer un renversement capital : à ouvrir les yeux des spectateurs en même temps que ceux du valet, à les mettre en mesure de faire entendre leur voix propre.

1.2 Sganarelle, un interprète qui vend la mèche

Puisque la communication, faute d'un code commun, est impossible, il faut recourir à un interprète. C'est ici le rôle dévolu à Sganarelle. Il sert de relais entre la Loi et le libertin récalcitrant. Il presse son maître de déchiffrer le message « divin », en l'aidant à décoder ses signes sonores (les « paroles » du Spectre, sa « voix ») : « *Entendez-vous,* Monsieur ? » ; et ses signes visuels (la « figure » du Spectre) : « O Ciel ! *voyez-vous,* Monsieur, ce changement de figure ? » Mais, Don Juan faisant la sourde oreille, il lui faut aller jusqu'à traduire. D'abord l'identité du messager : « c'est un spectre », puis le sens de son discours : « Ah ! Monsieur, rendez-vous à tant de preuves, et jetez-vous vite dans le repentir. »

Preuves ? Ces manifestations de la divinité ne sont-elles pas en vérité si appuyées dans leur indiscrète fantasmagorie qu'elles devraient *parler d'elles-mêmes* ? Mais peut-être justement leur excès même fait-il naître le soupçon et risque-t-il de se retourner contre elles ? Si Sganarelle parle de « preuves », c'est qu'il faut bien masquer sous le mot péremptoire la fragilité de la chose.

Mais c'est à double tranchant — parce qu'à double énonciation : « preuves », dans la bouche de Sganarelle, est un argument aussi pressant que brouillon ; mais dans le complexe dispositif signifiant que *machine* l'écrivain, c'est un signe suspect, entendons une fausse note calculée : ils *en font trop*, les tenants de la Loi. Molière s'arrange pour que Sganarelle, par son excès de zèle, vende la mèche et qu'ainsi s'écroule tout le *sacré théâtre*.

« Ah ! Monsieur, c'est un spectre : je le reconnais au marcher. » Prêter à une apparition céleste, donc immatérielle, une démarche caractéristique, donc *terre à terre*, c'est la **rabaisser**, ravaler le sacré au niveau d'une triviale superstition. Le Spectre n'incarne donc pas seulement le retour vengeur de toutes les valeurs bafouées par Don Juan, il est aussi la projection, la matérialisation de ces valeurs en tant qu'elles se réduisent désormais à une caricature.

Toute la pièce montre qu'elles sont délaissées par une aristocratie en pleine mutation historique. Elle offre d'ailleurs un extraordinaire éventail de représentants de la noblesse, de l'archaïque et féodal Don Alonse (III, 4) au bien en cour Don Louis, qui a fait siennes les valeurs (bourgeoises) nouvelles, celle notamment du « mérite » (IV, 4), en passant par Don Carlos, écartelé entre l'ancien et le nouveau. Mais le cas le plus significatif, évidemment, est celui de Don Juan, qui a renié les valeurs de sa classe — sauf une, la vaillance militaire, mais la suite va nous montrer qu'elle est bien désuète.

Dès lors Molière fait voir sur la scène que ces valeurs (morales et religieuses) n'ont historiquement plus d'autre réalité que cette représentation dégradée que s'en fait le peuple qui, lui, continue d'y adhérer — de là son aliénation. La croyance religieuse, étalon pour ainsi dire des autres valeurs (comme l'atteste la terminologie religieuse dont use Sganarelle en III, 1 à propos de médecine ou d'arithmétique), se ramène dérisoirement à une collection de représentations stéréotypées : Sganarelle, défenseur de la foi dans son débat avec son maître (III, 1), croit au « loup-garou » (I, 1) et au « Moine bourru » (III, 1). On notera, en outre, qu'ici le discours du valet est en quelque sorte *mécanisé* par l'idéologie puisqu'à trois reprises ses phrases commencent par un identique « Ah ! Monsieur » (fin de la scène 4 : « Ah ! Monsieur, c'est le Ciel qui vous parle » ; puis : « Ah ! Monsieur, c'est un spectre », et : « Ah ! Monsieur, rendez-vous à tant de preuves »).

Et Don Juan ne s'y trompe pas, pour qui la religion se réduit à une sorte de catalogue (saturé en outre, voire mécanisé à son tour par l'effet de la construction ternaire) de superstitions : « Spectre, fantôme, ou diable ».

1.3 Une théâtralisation démystificatrice de la Loi

De deux autres manières convergentes, Molière s'attache à ménager chez le spectateur une distanciation critique à l'égard des manifestations de la Loi.

Par le style prêté au Commandeur dans la réplique de la scène 6 : « Don Juan, l'endurcissement au péché traîne une mort funeste, et les grâces du Ciel que l'on renvoie ouvrent un chemin à sa foudre. » Par sa longueur, la phrase contraste avec les phrases brèves dont étaient faites les deux précédentes répliques du personnage, et cela lui confère une sorte de solennité pompeuse à quoi contribuent le choix d'un terme appartenant au registre tragique (« funeste »), une métaphore assez laborieuse (« ouvrent un chemin à »), une autre légèrement impropre : la « foudre », instrument mythologique de la colère divine, est davantage un attribut de Jupiter que du dieu chrétien, et enfin la tonalité moralisante de l'ensemble. En outre, cette phrase est redondante. D'abord en ce qu'elle reproduit peu ou prou la parole du Spectre, à laquelle du reste elle fait référence (« les grâces du Ciel que l'on renvoie » : Don Juan a rejeté l'ultime offre de « miséricorde »). Ensuite parce que les deux propositions qui la composent sont, syntaxiquement et sémantiquement, exactement superposables :

1. l'endurcissement au péché	2. traîne	3. une mort funeste
1. les grâces du Ciel que l'on renvoie	2. ouvrent un chemin à	3. sa foudre

Concluons que Molière a choisi de théâtraliser le propos du Commandeur, comme celui de quelqu'un prenant une pose et déclamant un discours figé. Ce procédé d'écriture (redondance, rhétorique appuyée, jeu sur les registres de langue) s'applique à tous les personnages de la pièce qui, à un titre ou à un autre, laissent parler par leur bouche des fragments préfabriqués d'idéologie (un des exemples les plus purs est la longue tirade moralisatrice de Don Louis à son fils en IV, 4). Le surcodage des discours est toujours dans *Dom Juan* une façon, subtile et efficace, de **mettre à distance** les valeurs qui s'y étalent.

L'autre instrument de distanciation est l'utilisation très particulière des **didascalies**. Molière leur confie deux fonctions. D'une part elles donnent des indications de mise en scène, en l'occurrence de « machineries » : métamorphose et envol du Spectre, trappe où disparaît Don Juan et fumées. Mais elles « ont aussi une autre fonction : celle d'un méta-texte. Étant normalement subordonnées au dialogue, leur rôle consiste à le commenter, à l'éclaicir »

(M. Issacharoff, cité dans Hubert, p. 17). Ce qui est de nature à atténuer « [l]'opacité du texte dramatique », laquelle « naît du fait qu'il manque au dramaturge le discours commentatif du romancier » (*ibid.*, p. 7). Or que lit-on (qui devra être converti en signes visuels sur la scène par une opération de transcodage) ? Le Spectre *«représente le Temps avec sa faux à la main»*. Le verbe est essentiel : Don Juan n'est pas tant confronté à la mort qu'aux *représentations* dominantes de la société louis-quatorzienne ; ou, si l'on préfère, il doit mourir parce qu'il ébranle ces représentations en dénonçant en elles une vaste mascarade sociale (voir par exemple la tirade sur l'hypocrisie, « vice à la mode » : « Le personnage d'homme de bien est le meilleur de tous les personnages qu'on puisse jouer aujourd'hui » [V, 2]). Il est significatif qu'ici le verbe soit placé devant la figure allégorique du Temps, pourvue de son attribut obligé (ce que note le possessif « sa »). De même la didascalie finale qui décrit l'engloutissement du libertin dans le gouffre infernal est destinée à ruiner, par son enflure même, cette pièce maîtresse de l'*appareil* religieux qu'est l'enfer : la répétition mécanique de l'adjectif « grand » (« un grand bruit », « de grands éclairs », « de grands feux ») fait basculer la *représentation* de l'enfer dans la parodie. Chargeant délibérément les codes, Molière les désigne comme tels.

Fantasme populaire, cliché mythologique, châtiment outrageusement théâtralisé : la bonne société ne pardonne pas à Don Juan de porter atteinte à l'imagerie grâce à laquelle elle tient en respect la masse de ceux qui la font vivre. À Molière non plus : malgré des coupures, la pièce ne tint l'affiche que quinze jours.

2. Noces

2.1 Un précurseur des Lumières

« Je crois connaître cette voix. », dit Don Juan. Il s'efforce de trouver une explication naturelle au phénomène et donne une nouvelle preuve de ce rationalisme qui lui faisait déclarer : « Je crois que deux et deux sont quatre, Sganarelle, et que quatre et quatre sont huit » (III, 1). Même refus déjà du surnaturel après que la statue eut bougé : « nous pouvons avoir été trompés par un faux jour ou surpris de quelque vapeur qui nous ait troublé la vue »

(IV, 1). C'est la voix d'Elvire, ici, qu'il croit reconnaître et d'une certaine manière il ne se trompe pas, à ceci près qu'il ne s'agit pas du timbre d'une voix mais bien d'un type de discours.

En précurseur des Lumières qu'il est, il entend soumettre l'apparition à un examen critique : « je veux voir ce que c'est. » Démarche quasi expérimentale relevant déjà de « l'esprit d'examen» qui va triompher avec Bayle et Fontenelle. Dans la tradition épicurienne, révolte contre les vieilles peurs qui tiennent « l'humanité » (III, 2) éloignée du bonheur. Il y a une vraie grandeur prométhéenne dans ce refus intrépide de plier sous la pression générale. La palillogie qui ouvre chacune des deux phrases où Don Juan déclare fièrement son insubordination («*Non, non,* [etc.] ») est l'instrument stylistique qui fait entendre le lyrisme du refus.

Mais pareil désir de voir et de savoir joue simultanément sur un autre plan, le plan œdipien. Point capital, le Spectre est « femme », **la** femme inlassablement cherchée. Percer les secrets tabous de la Mère, découvrir les causes rationnelles des phénomènes : les deux faces d'une même quête dont l'objet est « la nature» (I, 2 ; III, 1).

2.2 La quête tragique de Don Juan

Aristocrate qui parvient à l'âge des entreprises au moment où sa classe se trouve dépossédée de ses fonctions traditionnelles par l'absolutisme, Don Juan est une force sans emploi. Une telle situation — qui ne concerne alors, il est vrai, qu'un petit nombre d'individus — présente une analogie frappante avec celle, un siècle et demi plus tard, des générations romantiques. Privée de son point d'application ordinaire (la guerre, le duel : voir les doléances de Don Carlos en III, 3), l'énergie du jeune Don Juan devient **une force désirante sans objet**. Il a beau la reconvertir dans la « conquête amoureuse » (tirade de I, 2), elle est condamnée à ne plus trouver d'objet à sa mesure, et c'est ainsi que Don Juan peut apparaître comme une illustration de la condition tragique de l'homme selon Pascal, lancé par un manque insatiable dans une quête sans fin : « Il n'est rien qui puisse arrêter l'impétuosité de mes désirs : je me sens un cœur à aimer toute la terre » (I, 2). La seule femme susceptible de combler son désir de totalité est la Mort, une mort maternelle.

C'est précisément elle qu'il trouve enfin dans ces deux dernières scènes, à travers les deux figures complémentaires du Spectre et de la Statue.

Là encore la didascalie joue un rôle important. Énumérant les trois personnages de la scène 5, elle annonce «UN SPECTRE *en femme voilée*». Or si Don Juan croit reconnaître Elvire, c'est aussi parce que celle-ci lui était apparue pour la dernière fois sous l'aspect d'une « dame voilée » (IV, 6). Ainsi la Mort est-elle l'amante ultime, l'Épouse totale.

Ce que confirme en plein la scène finale. D'une part le Commandeur est fortement féminisé puisque les didascalies le désignent désormais exclusivement par les mots « LA STATUE », alors que Don Juan s'adressait à lui en l'appelant « le Commandeur» dans la scène 8 de l'acte IV, laquelle, dans la liste des personnages, mentionnait « LA STATUE DU COMMANDEUR ». Et la statue prend ainsi le relais de la « femme voilée». D'autre part, le geste par lequel elle prend la main de Don Juan («LA STATUE. — Donnez-moi la main. / DON JUAN. — La voilà. ») emprunte une double valeur au code gestuel : il scelle l'engagement de Don Juan (« Vous m'avez hier donné parole de venir manger avec moi . »), mais il est aussi un geste amoureux.

Ainsi le désir s'accomplit-il dans sa propre destruction. Le « feu invisible » qui « brûle» Don Juan et fait de son corps « un brasier ardent » est certes celui de l'enfer où maintenant il plonge : *« il sort de grands feux de l'endroit où il est tombé* . » Mais on sait que ces flammes-là ne sont que flammes *théâtrales*. Aussi bien Molière remplit-il ce lieu commun avec un autre contenu que toute sa pièce a élaboré : ce feu, aussi « invisible » que l'autre est spectaculaire, c'est celui-là même du désir (« le feu d'une aveugle jeunesse », comme disait Don Juan en V, 3) dont les romantiques feront un de leurs leitmotive. Privé d'objet, il se consume lui-même : « Un feu sans aliment qui brûle et se dévore» (Lamartine, *Novissima Verba*).

Et c'est ainsi que Don Juan inverse l'enfer chrétien en ciel. Il s'écrie en effet : « Ô Ciel ! que sens-je ? » C'est, dans toute la pièce, la seule référence de Don Juan au « Ciel» qui ne soit pas ironique. Conversion de dernière minute? Sûrement pas. Molière a seulement donné, via son personnage, un autre contenu aussi au « Ciel» : un absolu autre, la totalité mystique de la mort maternelle.

2.3 Châtiment ou accomplissement ?

Le châtiment du libertin revêt trois formes. Mais, conformément à la structure qui vient d'être indiquée, chacune se retourne en un accomplissement.

Le désir chez Don Juan était course effrénée, mouvement ininterrompu. Sa tirade sur l'amour-conquête (I, 2) montrait sa répugnance à l'égard de tout ce qui immobilise le désir. La scène 5 se termine précisément par un nouvel élan, une sorte de fuite en avant : « Allons, suis-moi. » Or le premier mot de la Statue est : « *Arrêtez,* Don Juan. » On se souvient que celui-ci affirmait : « Il n'est *rien qui puisse arrêter* l'impétuosité de mes désirs » (I, 2). L'*arrêt* (de mort) punit logiquement un désir coupable de récuser tous les objets finis et dès lors toujours en mouvement (préférant la « chasse » à la « prise », comme dirait Pascal). Mais ce faisant, la Statue comble celui qu'elle châtie : en même temps qu'un amour total, elle lui offre ce « repos » qu'obscurément visait sa course. Constatant « la nature insatiable de leur cupidité », Pascal explique que les hommes portent en eux, à côté de l'« instinct » du mouvement, « un autre instinct secret, qui reste de la grandeur de notre première nature, qui leur fait connaître que le bonheur n'est en effet que dans le repos, et non pas dans le tumulte[1] ».

Que la mort, « l'inexorable égalisatrice », soit représentée avec une faux, voilà qui fait d'elle une figure castratrice, d'autant plus que Don Juan lui oppose son « épée », classique symbole phallique. Noces mortelles, soit, mais noces.

Enfin Don Juan est entraîné en enfer. Or, non seulement l'enfer se change pour lui en ciel mais — tel est le sens symbolique qu'ajoute la didascalie — y tomber c'est pour lui retourner dans les entrailles de la Terre-Mère, objet implicite de sa quête et lieu de son repos : « *la terre s'ouvre et l'abîme* ».

3. Le dénouement : une *machine* à dévoiler le réel

3.1 Une pièce à machines

Après l'interdiction, en mai 1664, de son *Tartuffe,* Molière, directeur de troupe, connaît une situation financière difficile. Or de nombreuses versions de l'histoire de Don Juan se succèdent en France à partir de 1650. Le sujet se prête bien au « grand spectacle » dont le public raffole : « Pour un public

1. *Pensées*, éd. Brunschvicg, 139.

friand de machineries, de trappes, de feux d'artifices, une pièce où évoluait une statue animée, où le personnage principal était englouti dans les feux de l'enfer, quelle aubaine[2] ! » Molière écrit donc à son tour un *Dom Juan* dont il espère qu'il remplira les caisses de la troupe, et qui lui fournit l'occasion de poursuivre la bataille du *Tartuffe*. C'est, de fait, explique Jacques Morel, « la seule comédie de l'auteur qui se rattache à la tradition du théâtre à machines[3] ».

Il est clair que le dénouement recourt abondamment à la machinerie à grand spectacle. Mais l'essentiel est de voir que Molière a transformé une opportunité économique en un véritable instrument de distanciation critique : l'artifice théâtral lui sert à faire sentir que les *représentations* collectives sont autant d'artifices.

3.2 La fin d'une pièce baroque

Voltaire jugeait que *Dom Juan* était une « comédie bizarre », et le fait est qu'elle déroge de plusieurs manières aux règles classiques, notamment dans sa fin. D'abord en ce qu'elle fait intervenir un *deus ex machina* : « Le dénouement, selon Aristote, doit résulter de l'action même et non d'une intervention divine. Horace, à son tour, dans son *Art poétique*, souligne le caractère arbitraire et invraisemblable de l'intervention d'un *deus ex machina* » (Hubert, p. 65). Mais, encore une fois, Molière en fait un usage parodique et transcende par là la question des règles.

Il les viole d'ailleurs d'autres façons. D'une part, voilà une « comédie paradoxale [puisqu'elle] voit mourir au dénouement son principal personnage[4] ». « Le dénouement traditionnel de la comédie est le "happy end". [...] Toutes les pièces de Molière, sauf *Dom Juan*, se terminent dans la gaieté, le mariage du jeune couple étant enfin assuré » (Hubert, p. 68). N'est-ce pas que celle-ci serait quelque chose comme une tragédie bouffonne ?

D'autre part, elle ignore l'unité de temps comme elle a fait de celle de lieu. La Statue rappelle à Don Juan qu'il lui a « *hier* donné parole de venir manger » avec elle. L'acte V se place ouvertement le lendemain du jour où se

2. Guy Leclerc, *Introduction* à *Dom Juan*, Éditions sociales, p. 11.
3. Commentaires de l'édition de *Dom Juan* dans le Livre de poche, 1985, p. 95.
4. *Ibid.*, p. 95.

sont déroulés les quatre autres : « je ne suis plus le même d'hier au soir », disait Don Juan à son père dans la scène 1.

En somme, l'auteur transgresse les règles du théâtre classique comme son personnage viole celles de la morale et de la religion : à sujet subversif, traitement baroque.

3.3 Conclusion du programme dramatique

Le dénouement répond rigoureusement au prologue, à condition qu'on veuille bien examiner celui-ci d'un peu près. On sait que la pièce commence par un apparent hors-d'œuvre, ce curieux éloge du tabac que Molière a placé dans la bouche de Sganarelle : « Cette sorte de sobre prologue transpose [...] plaisamment les éloges des Muses, des Vertus ou de la Majesté royale que les auteurs de tragédies à machines plaçaient en tête de leurs poèmes [5].» Mais en vérité cet éloge-là est *tout un programme*. Le tabac est en effet une subtile allégorie, celle des valeurs dominantes alors disponibles sur le marché de l'idéologie : « il instruit les âmes à la vertu et l'on apprend avec lui à devenir honnête homme » ; « le tabac inspire des sentiments d'honneur et de vertu à tous ceux qui en prennent ». Valeurs endossées par le peuple — c'est un valet qui parle — et par la bourgeoisie (M. Dimanche, le marchand, dira du jeune aristocrate qui *connaît la musique* et a su le faire danser : « il me fait tant de civilités et tant de compliments, que je ne saurais jamais lui demander de l'argent » [IV, 3]). Le partage euphorique du tabac symbolise la circulation irrésistible de l'idéologie. Vienne un trouble-fête, son sort est réglé d'avance : « c'est la passion des honnêtes gens, *et qui vit sans tabac n'est pas digne de vivre* » (I, 1). L'alexandrin blanc désigne d'avance Don Juan et son rejet des valeurs. Et programme sa mort.

La pièce est finie, Don Juan est mort (parce qu'il *ne prisait pas de ce tabac-là*).

Le monologue final de Sganarelle a une portée considérable. Il tire le bilan de l'action dramatique. Et d'abord, certes, sacrifie à la règle qui veut que le dénouement fixe le sort de tous les personnages. Il le fait consciencieusement mais là encore il en fait trop et le bilan tourne à la parodie : le procédé d'accumulation (sept groupes nominaux se succèdent), saturant le code, le

5. *Ibid.*, p. 105.

tourne en dérision. Ce dont nous prévenait d'ailleurs la phrase introductive, qui sonne comme un alexandrin bancal (on compte onze syllabes), propre à casser l'emphase de la leçon finale : « Voilà par sa mort un chacun satisfait ». Il reste que Sganarelle dresse en effet la liste de tous ceux qui trouvent leur compte à la mort du gêneur (« tout le monde est content »). « Ciel offensé » : c'était l'ennemi principal (on sait que Don Juan était en quête d'un autre dieu) ; « lois violées » : sur tous les plans (rappelons qu'il avait aussi tué le Commandeur) ; « filles séduites » : il s'en vantait (I, 2), et Charlotte et Mathurine ont échappé de peu au séducteur ; « familles déshonorées » : celle, par exemple, d'Elvire et de ses frères, lesquels réclamaient réparation ; « parents outragés » : allusion à Don Louis ; la mère de Don Juan est mentionnée une fois (dans V, 1) ; « femmes mises à mal, maris poussés à bout » : pas de référent particulier dans le texte car, chez Molière, Don Juan est décidément moins le séducteur que le champion de la transgression.

Mais, atteinte plus grave encore à la moralité ostentatoire et appliquée de la leçon, elle se trouve encadrée, et donc **dépassée**, par une exclamation dont on a senti tout de suite la nature scandaleuse sans bien en démêler pourtant la signification. Les éditions modernes du texte la placent entre crochets, au début : « [Ah ! mes gages ! mes gages !], comme à la fin : « [Mes gages, mes gages, mes gages !] ». La raison est celle-ci : « Cette plainte de Sganarelle qui revient deux fois avait été censurée parce que sa bouffonnerie empêchait le public de prendre au sérieux la morale de l'histoire. Dans l'édition de 1682, après "Il n'y a que moi seul de malheureux", avait été ajouté : "qui, après tant d'années de services, n'ai point d'autre récompense que de voir à mes yeux l'impiété de mon maître punie par le plus épouvantable châtiment du monde". Cela faisait évidemment plus sérieux et moralisateur[6].» En effet. Or le texte initial, maintenant rétabli, tirait pour le public un enseignement qui était tout sauf moralisateur.

Pourquoi Sganarelle se déclare-t-il « malheureux » ? Parce que la mort brutale de son maître le prive de son salaire, certes. Mais au moins autant parce qu'il s'était attaché à un homme qui, lui inspirant un mélange d'effroi et de fascination, lui découvrait la voie d'une émancipation par la transgression des interdits. Sganarelle ne disait-il pas, à propos des multiples aventures de son maître : « je m'en accommoderais assez, moi, *s'il n'y avait point de mal*» (I, 2) ?

6. G. Leclerc, *op. cit.*, note 1, p. 133.

Or ces deux motifs convergent. Par son attitude décapante, Don Juan a mis à nu la comédie des valeurs ; il a décelé en elles autant de masques sous lesquels se jouaient les rapports d'intérêt et singulièrement d'argent. « C'est une fort mauvaise politique que de se faire celer *[faire interdire sa porte]* aux créanciers. », expliquait-il cyniquement à propos de M. Dimanche. « Il est bon de *les payer de quelque chose*, et j'ai le secret de les renvoyer satisfaits sans leur donner un double *[pièce de monnaie]* » (IV, 2). Ce quelque chose, c'est le discours qui flatte l'aspiration de la bourgeoisie à fréquenter les grandeurs (voir Monsieur Jourdain). Ou encore, après sa conversion hypocrite : « Quoi ! tu prends *pour de bon argent* ce que je viens de dire, et tu crois que ma bouche était d'accord avec mon cœur ? » (V, 2). Bref, Don Juan a montré que les valeurs en vigueur étaient une monnaie de singe et par là il les a ébranlées, laissant paraître la vérité des rapports sociaux. C'est ainsi que, lui mort, son valet se retrouve, sans plus rien qui la voile, face à la réalité de sa condition économique : les gages qu'il ne touchera jamais.

Le public, destinataire de ce monologue, est donc implicitement invité, comme Sganarelle, à se passer désormais de « tabac » : à entreprendre sans tarder une cure de désintoxication.

Conclusion

On a vu au total comment Molière mobilisait toutes les ressources du langage théâtral pour faire de ce dénouement inquiétant un concentré d'ambiguïté, refusant d'en figer le sens dans une leçon univoque, se dérobant à la morale officielle dans l'instant même où il semble la célébrer. C'est qu'il n'y a pas au théâtre de voix autorisée ou privilégiée à qui reviendrait en dernière instance la mission d'énoncer la vérité du drame. Et l'on peut dire que l'originalité principale de la pièce vient de ce que Molière a joué à fond la carte de la pluralité des *voix* théâtrales : non pas seulement celle des personnages mais encore celle des didascalies sans oublier celle des codes du genre. Contestant les unes par les autres, escomptant de leur combinaison la possibilité de faire entendre une voix autre, neuve, qui ne fût celle d'aucun personnage ni même d'aucun émetteur répertorié. La voix étrange et comme sans origine, synthèse — toujours à reconstruire par la lecture ou la mise en scène — de la polyphonie d'un temps admirablement répercutée et distanciée, qui ait chance de dire l'émergence d'une société encore informe sur les ruines de l'ancienne.

Car on ne cédera pas à la facilité de voir en Don Juan le porteur d'une vérité, si exceptionnelle que soit sa séduction. Lui aussi est ambigu. Prométhéen, sûrement, ancêtre des hommes des Lumières et même des romantiques, sans doute. Mais si, dans sa révolte farouche, il est bien « méchant homme », il se comporte aussi volontiers en « grand seigneur » (I, 1). Il ne saurait être ici question de passer en revue les limites, voire les inconséquences du personnage au regard même des perspectives qu'il ouvre. Qu'il suffise de revenir brièvement sur cette « épée » qu'il brandit contre le Spectre. Symbole pluriel, elle est d'abord un insigne de caste et dit assez — comme la morgue aristocratique qui paraît dans : « Qui ose tenir ces paroles ? » — l'appartenance de Don Juan à une classe encore liée à la féodalité. Elle résume dès lors admirablement la contradiction du personnage : dressé contre des valeurs en lesquelles il ne peut plus croire, se disant conduit dans sa quête par « l'amour de l'humanité » (III, 2), dessillant par sa puissance de négation les yeux de Sganarelle (et du public), il n'en est pas moins un jeune aristocrate doré rejeté par les siens. Ainsi est-il tragiquement **seul** et n'a-t-il que son épée, instrument archaïque, à opposer à tous les intérêts qui se liguent à la fin contre lui. Un siècle plus tard, Figaro, héritant de la leçon donnée à Sganarelle, saura unir contre le Comte son maître la foule de ceux qu'aura contribué à éclairer l'exemple de Don Juan.

COMMENTAIRE 7

Fontenelle
« La dent d'or » (*Histoire des oracles*)

Assurons-nous bien du fait, avant que de nous inquiéter de la cause. Il est vrai que cette méthode est bien lente pour la plupart des gens qui courent naturellement à la cause, et passent par-dessus la vérité du fait ; mais enfin nous éviterons le ridicule d'avoir trouvé la cause de ce qui n'est point.

Ce malheur arriva si plaisamment sur la fin du siècle passé à quelques savants d'Allemagne, que je ne puis m'empêcher d'en parler ici.

En 1593, le bruit courut que les dents étant tombées à un enfant de Silésie, âgé de sept ans, il lui en était venu une d'or à la place d'une de ses grosses dents. Horstius, professeur en médecine dans l'université de Helmstad, écrivit en 1595 l'histoire de cette dent, et prétendit qu'elle était en partie naturelle, en partie miraculeuse, et qu'elle avait été envoyée de Dieu à cet enfant, pour consoler les chrétiens affligés par les Turcs. Figurez-vous quelle consolation, et quel rapport de cette dent aux chrétiens ni aux Turcs. En la même année, afin que cette dent d'or ne manquât pas d'historiens, Rullandus en écrit encore l'histoire. Deux ans après, Ingolsteterus, autre savant, écrit contre le sentiment que Rullandus avait de la dent d'or, et Rullandus fait aussitôt une belle et docte réplique. Un autre grand homme, nommé Libavius, ramasse tout ce qui avait été dit de la dent, et y ajoute son sentiment particulier. Il ne manquait autre chose à tant de beaux ouvrages, sinon qu'il fût vrai que la dent était d'or. Quand un orfèvre l'eut examinée, il se trouva que c'était une feuille d'or appliquée à la dent, avec beaucoup d'adresse ; mais on commença par faire des livres, et puis on consulta l'orfèvre.

Fontenelle, « La dent d'or » in *Histoire des Oracles* (1686).

Introduction (plan)

— Le vaste débat d'idées qui s'ouvre à la fin du XVIIe siècle favorise la naissance d'essais où l'esprit nouveau, au nom de la raison et du libre exercice de la critique, s'en prend aux dogmes anciens, rejette l'autorité et la tradition. C'est ainsi qu'à l'aube du siècle des Lumières, les ouvrages à caractère argumentatif se multiplient.

— La publication, en 1686, de l'*Histoire des oracles* de Fontenelle, champion du rationalisme critique et de la vulgarisation scientifique, s'inscrit dans ce courant « philosophique » et polémique. L'auteur y dénonce la croyance aux oracles. Comme le montre l'extrait célèbre consacré à l'affaire de « la dent d'or » que nous allons étudier, la contestation des miracles au nom des principes élémentaires de la science ébranle le christianisme lui-même.

— Nous examinerons successivement la stratégie argumentative mise en œuvre pour gagner le lecteur à la thèse expérimentale, l'insertion, la structure et l'exploitation du petit conte que constitue l'histoire de la dent d'or, et enfin la façon dont l'écrivain mobilise les ressources de son art pour mieux toucher et convaincre.

1. Un texte à thèse

1.1 Une séquence argumentative

La thèse à promouvoir

Le passage pose d'emblée l'axiome élémentaire de la science expérimentale : la bonne « méthode » — le mot vient nous rappeler que Fontenelle est l'héritier du rationalisme cartésien et du *Discours de la méthode* — consiste à ne raisonner que sur des faits dûment établis : « Assurons-nous bien du fait, avant que de nous inquiéter de la cause. » Bayle formulait une exigence identique : « [...] il est certain que le témoignage d'un homme ne doit avoir de force qu'à proportion du degré de certitude qu'il s'est acquis en s'instruisant pleinement du fait » (*Pensées sur la Comète*, 1682). Cette méthode critique fonde la révolution intellectuelle qui va marquer le siècle des Lumières. Fontenelle oppose donc l'esprit d'examen à l'autorité et à la superstition.

La séquentialité argumentative

Si l'on adopte la typologie séquentielle proposée par J.-M. Adam, ce passage de Fontenelle constitue une séquence argumentative à l'intérieur de laquelle est insérée une séquence narrative dont il conviendra d'étudier la structure propre et la fonction. Après quoi l'argumentation reprend : « Rien n'est plus naturel que d'en faire autant sur toutes sortes de matières. [Etc.] » Cas de figure que J.-M. Adam propose de noter ainsi : « [Argumentation [séq. narrative] argumentation] » (Adam, 1987, p. 57). De cette composition globale témoigne la disposition matérielle du texte en trois paragraphes, le second, très bref, faisant transition de l'une à l'autre séquence. On notera enfin que l'argumentation s'actualise ici dans sa variante «*critique* (démonstration/ réfutation, accord/ désaccord, vrai/faux) » (Adam, 1987, pp. 68-69).

1.2 Une stratégie argumentative

Un discours qui (se) marque

Argumentative, la première séquence relève donc du *discours* et de toute une stratégie pour convaincre et toucher. Recours aux déictiques de personne : « nous » (trois fois) ; « je », investissement direct de l'émetteur dans son énoncé pour être plus proche de son destinataire, lequel, à la faveur d'une résurgence du discours dans le récit, sera noté par le « vous » (« Figurez-vous ... »). Ainsi qu'à deux déictiques renvoyant à l'ici-maintenant de l'énonciation commun aux deux interlocuteurs (« sur la fin du siècle *passé* » et « je ne puis m'empêcher d'en parler *ici* ») sur quoi se greffe l'emploi des temps du discours : présent (« Il est vrai... qui courent... je ne puis m'empêcher ») et futur (« nous éviterons »).

L'impératif « Assurons-nous », mettant en œuvre la fonction conative du langage, formule un conseil pressant — c'est une forme d'argument — renforcé en l'occurrence par la première personne du pluriel : « l'auteur s'identifie alors à son auditoire, de façon à mieux entraîner l'adhésion de celui-ci » (Schmitt et Viala, p. 86). On repère encore, dans cette séquence, des modalisateurs : les connecteurs « Il est vrai que » et « mais enfin », l'expression « je ne puis m'empêcher de » (équivalent d'un « il faut absolument que ») qui, présentant l'anecdote comme irrésistible, cherche à communiquer une impatience au lecteur. Enfin d'autres marqueurs de subjectivité, affectifs et/ou axiologiques. Adverbes : « Assurons-nous *bien* du fait » , « cette méthode est *bien* lente », « naturellement », « plaisamment » intégré au système corrélatif « si... que » ; et substantifs : « la vérité », « le ridicule », « Ce malheur ».

Première réfutation de la thèse opposée

Le premier paragraphe intègre le point de vue adverse (recherche impatiente des causes au mépris de l'établissement des faits), affectant de l'adopter pour mieux le réfuter. Il est énoncé sous une forme concessive (« *Il est vrai que [= certes, toutefois]* cette méthode est bien lente... »), première manifestation d'un aspect capital des textes argumentatifs, à savoir l'importance qu'y prend la **polyphonie énonciative**. En effet, l'*énonciateur* de cette réaction préscientifique dont l'expression est intégrée à la voix du *locuteur* est « la plupart des gens ».

Or ce point de vue-là est récusé, par le biais d'une métaphore, comme contraire à « la vérité » et aboutissant au « ridicule » : l'antithèse ménagée entre ces deux marqueurs axiologiques vise à déconsidérer les tenants de la thèse obscurantiste (thèse opposée = vérité –, ridicule +). En outre, dans la dernière phrase, un procédé stylistique contribue à l'ébranler : l'inversion satirique (chiasme) de l'ordre préconisé dans l'axiome initial : A 1. fait, 2. cause ; B 1. cause, 2. non fait (« ce qui n'est point »).

Un mot de commentaire sur l'adverbe « naturellement » : pour Fontenelle, la vérité scientifique se construit **contre** la tendance « naturelle » des humains à s'empresser d'attribuer aux phénomènes des causes qui flattent leurs croyances et conviennent à leurs désirs — ce qu'on appellerait aujourd'hui l'idéologie —, ainsi que va l'illustrer l'histoire de la dent d'or. Il précisera d'ailleurs plus loin : « [...] non seulement nous n'avons pas les principes qui mènent au vrai, mais [...] nous en avons d'autres qui s'accommodent très bien avec le faux. » On observe ainsi chez lui, à côté d'une foi dans la connaissance positive du réel, un scepticisme qui rappelle paradoxalement Pascal et le poids qu'il accordait aux « puissances trompeuses » : « L'homme n'est qu'un sujet plein d'erreur, *naturelle* et ineffaçable sans la grâce[1]. » On souscrira donc à la définition de Fontenelle qu'a proposée J.-R. Carré : un « croyant pessimiste au progrès ».

1. *Pensées*, éd. Brunschvicg, 83.

La progression thématique

Il peut être intéressant d'examiner comment s'organise la cohérence textuelle. Dans les deux premiers paragraphes, on constate une hésitation entre progression linéaire et progression à thème constant. Le thème (T1) de la première phrase (P1) est tiré du rhème (R0) de la précédente (P0), que nous reproduisons : « Il serait difficile de rendre raison des histoires et des oracles que nous avons rapportés, sans avoir recours aux Démons, mais aussi tout cela est-il bien vrai ? » « Rendre raison » de phénomènes religieux par le « recours aux Démons », c'est s'inquiéter de leur trouver une cause. Or cette recherche (R0 = T1) doit être subordonnée à des faits bien assurés (R1) (à noter que dans P1 « le rhème précède le thème » comme il arrive parfois, ainsi que l'explique B. Combettes, p. 91). On passe donc de P0 à P1 par une progression linéaire. Il en va de même pour le passage à P2 (où T2 = R1) :

```
P0 :  T0 (histoires et oracles)  ——> R0
                                     |
P1 :  R1                        <——  T1
      |
P2 :  T2 (cette méthode)  ——>  R2 (est bien lente ...)
```

Mais P3 réalise une progression à thème constant :

P3 : T2 (mais enfin [grâce à *cette méthode*]) ——> R3
(nous éviterons le ridicule [de commettre une erreur grossière]).

Cependant que P4 revient à la progression linéaire :

P4 : T3 (Ce malheur = R3) ——> R4 (arriva si plaisamment ...).

Nous nous interrogerons, le moment venu, sur la façon dont le troisième paragraphe s'articule au précédent et assure sa propre progression.

1.3 Les trois pôles du « théâtre » énonciatif

Insistant sur « le caractère fondamentalement *dialogique* des textes argumentatifs », Alain Boissinot fait remarquer qu'ils opposent en effet toujours « deux pôles énonciatifs » (le partisan de la thèse proposée *vs* le tenant de la thèse rejetée), ou même trois si le texte inclut un destinataire qu'il s'agit de convaincre et d'attirer dans son camp (Boissinot, p. 12). Tel est exactement le cas de notre passage. Examinons par quels moyens il s'efforce d'atteindre ce but.

L'adversaire est désigné carrément : « la plupart des gens ». Or une telle franchise est courageuse puisque le lecteur du texte a de fortes chances d'appartenir à cette foule aveugle. Fontenelle toutefois se prémunit de deux façons contre le risque de se couper de son lecteur. D'abord par le « nous » initial qui associe habilement le destinataire au point de vue expérimental. Ensuite par le rétrécissement considérable de la masse des obscurantistes, lesquels, à la faveur de l'anecdote de la dent d'or, ne sont plus que « quelques savants ». Mieux : le cas de cette poignée d'égarés risque d'autant moins d'effaroucher le lecteur qu'ils appartiennent à un autre lieu (« d'Allemagne ») et à un autre temps (« sur la fin du siècle passé »). Il faut, certes, faire la part du clin d'œil : en prenant de si voyantes précautions pour ménager la susceptibilité de son lecteur, Fontenelle espère bien que celui-ci ne sera pas dupe et qu'il pourra compter sur sa complicité reconnaissante.

Quant au « je » du locuteur, il assume modestement un rôle d'intercesseur — notez d'ailleurs sa position *intermédiaire* dans l'espace matériel de la page — entre les lecteurs et ce « nous » qui tend, du même coup, à élargir son référent jusqu'à englober la majorité théorique de tous les adeptes de l'esprit nouveau, arrachant un à un les premiers à cette masse (laquelle fond en proportion jusqu'à se réduire à un groupuscule d'étrangers archaïques) pour les faire entrer dans cette communauté idéale que le texte a précisément pour but d'esquisser en même temps qu'il construit la figure abstraite — distincte, donc, du lecteur réel — de ce personnage (collectif) gagné aux idées nouvelles, destinataire et bénéficiaire de son argumentation, ce « vous » précisément qui, dans le récit subséquent, occupera donc la place du *narrataire*. En somme, il s'agit pour le « je », grâce notamment à l'apologue de la dent d'or, de transformer « la plupart des gens » en un « vous » capable de communier avec le « je » dans ce « nous » qui est le sujet idéal de la science.

À la fin du passage, l'adversaire est désigné par l'indéfini « on » : « mais *on* commença par faire des livres, et puis *on* consulta l'orfèvre ». Curieux emploi, vraiment. Chacune des deux occurrences n'a d'abord pas le même référent : la première renvoie à la série des « savants », la seconde à quelqu'un d'indéterminé qui, mû par son bon sens, aurait décidé d'aller y voir de plus près. Mais justement cette double valeur éclaire : comme si Fontenelle, après avoir rapproché le plus possible son lecteur de la figure éclairée du « vous », entendait maintenant insister sur les difficultés de l'entreprise scientifique et inviter le néophyte à exercer sur lui-même son esprit critique tout neuf. Ce qu'il fait clairement, deux phrases plus bas, en mettant le « nous » face à ses limites : « Je ne suis pas si convaincu de *notre* ignorance par les choses qui sont, et dont la raison nous est inconnue, que par celles qui ne sont point, et dont *nous* trouvons la raison. »

Retournement rendu possible par l'extrême souplesse du « on », volontiers exploitée par les textes argumentatifs [2].

2. Un petit conte voltairien avant la lettre

2.1 Une séquence narrative

Recours à l'Histoire ou petite histoire ?

L'histoire de la dent d'or est-elle inventée pour les besoins de la cause ? Fontenelle est-il parti d'un fait authentique qu'il aurait ensuite adapté pour qu'il convienne à sa démonstration ? Peu importe, car cela revient au même. Si l'histoire est inventée, on considérera les précisions fournies (dates et lieu : la Silésie, région qui appartenait alors à l'empire des Habsbourg, la ville de Helmstad) comme destinées à produire un effet de réel.

La transition

Le second paragraphe assure une transition entre les séquences argumentative et narrative. Cela se marque à la fois par la disposition typographique et par la présence, dans la même phrase, d'un verbe au passé simple (« arriva »), temps du récit, qui joue donc un rôle de signal démarcatif, et d'un verbe au présent (« je ne puis m'empêcher »), temps du discours. En outre, en faisant du rhème 3 son thème, cette phrase introduit l'anecdote comme un exemple de l'erreur à ne pas commettre. Donc, c'est clair : dans la stratégie argumentative, le récit servira de preuve *a contrario* de la thèse défendue. Rappelons enfin qu'en présentant l'anecdote comme irrésistible, la phrase remplit également une fonction apéritive.

2. Voir là-dessus Boissinot, *op. cit.*, « Les usages argumentatifs de "on" », pp. 79-84.

Structure de la séquence narrative

Comme séquence narrative, ce petit récit présente une structure qu'on peut décrire au moyen du modèle quinaire, sous la forme schématique suivante :

— *État initial* : « En 1593 [...] âgé de sept ans ». Répond aux trois questions canoniques : où ? (en Silésie), quand ? (en 1593), qui ? (un enfant de sept ans). En outre la situation initiale contient en germe son développement : un **manque** étant constaté (dents tombées), la question de sa suppression est implicitement posée. Autrement dit, comment le manque sera-t-il comblé ? Par une (des) dent(s) naturelle(s) ou par une (des) dent(s) miraculeuse(s) ? La seconde solution est à la fois ébauchée et indirectement critiquée, dès cet *incipit*, par les moyens qu'on étudiera bientôt.

— *Force transformatrice* : « il lui en était venu une d'or à la place d'une de ses grosses dents ». C'est l'événement qui bouleverse la situation de départ et lance l'action.

— *Dynamique de l'action* : « Horstius [...] sinon qu'il fût vrai que la dent était en or. » Actions déclenchées par l'événement, soit la série d'ouvrages écrits sur la dent miraculeuse.

— *Force résolutive* : « Quand un orfèvre [...] avec beaucoup d'adresse ». C'est l'action qui met un terme à la tension créée par la force transformatrice et rétablit un état d'équilibre. L'intervention d'un technicien compétent annule le soi-disant « fait » qui avait entraîné toute l'affaire.

— *Etat final* : « mais on commença [...] l'orfèvre. » En vérité la situation finale reste ici implicite : le manque a, au bout du compte, été comblé par une dent ordinaire et tout l'échafaudage d'interprétations superstitieuses est détruit. La science positive triomphe. La dernière phrase, elle, ne fait que dégager la leçon que contient toujours la fin d'un récit : chercher la cause d'un fait non établi conduit à l'erreur. C'est répéter la loi énoncée au début. Ce qui confirme la fonction de preuve dévolue à l'anecdote.

2.2 Une attaque tous azimuts

Cette fonction de preuve, l'anecdote la doit à la visée argumentative même du récit, mais aussi à toute une série de moyens ayant un objectif commun : porter des coups à la thèse adverse en déconsidérant systématiquement ses représentants.

Mettre à distance la voix de l'autre

L'argumentation sera plus efficace si l'auteur parvient à y impliquer le destinataire, si celui-ci est insensiblement conduit à y assumer un rôle actif, si par exemple la *suggestion* remplace l'assertion. Subordonner le récit de l'événement à une expression comme « le bruit courut que », c'est suggérer d'emblée qu'il n'a pas d'autre existence que celle que lui prête une rumeur incontrôlée. Employer, pour introduire l'opinion de Horstius rapportée au style indirect, le modalisateur « prétendit », c'est pousser le récepteur à la tenir pour suspecte.

Plus subtile, l'utilisation de la polyphonie. La tournure impersonnelle « il lui en était venu une d'or » (on aurait pu avoir : « une dent d'or avait poussé ») mime stylistiquement, par l'absence d'un sujet véritable, l'origine miraculeuse de la dent, donc colle à la voix de la rumeur. D'autre part, qui est l'énonciateur de l'apposition « professeur de médecine dans l'université de Helmstad », sinon Horstius lui-même — ou ses pairs —, dont les errements sont étayés par l'**autorité** que lui confèrent son titre universitaire et le fait qu'il appartient à une université alors prestigieuse ? Bayle explicite la critique quand il écrit, dans ses *Pensées sur la Comète*: « Il ne faut [...] pas que le nom et le titre de savant nous en imposent. » A qui attribuer cette kyrielle de noms latinisés, au suffixe aussi pédant qu'archaïque : Horstius, Rullandus, Ingolsteterus, Libavius, sinon à une **tradition** scolastique à bout de souffle qui dissimule, sous les insignes de la respectabilité universitaire, son inadaptation aux exigences scientifiques nouvelles, inadaptation que trahit pourtant son impuissance à appréhender la réalité.

Indices

Fontenelle en sème au long du récit comme pour « mettre la puce à l'oreille » de son lecteur ; l'obliger à les déchiffrer, n'est-ce pas le faire entrer dans la démonstration ?

Un enfant « âgé de sept ans » : le chiffre est choisi pour sa connotation magique et communique une coloration superstitieuse à la suite. Pourquoi une grosse dent ? Sans doute parce que, logée en arrière de la mâchoire, elle est moins aisée à *examiner* — et donc, on le comprend après coup, la supercherie moins facile à découvrir. Horstius « écrivit en 1595 l'histoire de cette dent », donc deux ans après les « faits » : un tel écart chronologique semble redoubler, en le décalquant, l'écart impardonnable entre l'ouvrage et la réalité du fait. Pourquoi enfin, à partir de « En la même année », le récit est-il écrit au présent de narration (« écrit », deux fois, « fait », « ramasse », « ajoute »)? Contamination de l'adresse au destinataire venue interrompre le récit (« Figurez-vous quelle consolation ... »), trace de la subordination de celui-ci à une séquence argumentative? Peut-être. Mais on doit surtout l'interpréter comme un nouveau signe : signe d'un piétinement, d'un arrêt du temps. Tous ces pédants scolastiques tournent en rond dans leur cercle étriqué, en marge de l'Histoire, coupés du progrès. D'ailleurs le texte revient aux temps du récit dès que la démarche scientifique reprend ses droits : « Il ne *manquait* autre chose [...]. Quand un orfèvre l'eut examiné, il se *trouva*... »

La critique religieuse et historique

L'ouvrage de Fontenelle ruine la croyance aux miracles en attribuant les oracles païens à l'imposture des prêtres. Or l'anecdote étend le doute au christianisme lui-même. Quand l'orfèvre « eut examiné » la dent — mot clé : triomphe de l'esprit *d'examen* —, « il se trouva que c'était une feuille d'or appliquée à la dent, avec beaucoup d'adresse ». Énoncé remarquable par son implicite : appliquée par qui? Le circonstanciel « avec beaucoup d'adresse » explique — mais ne justifie aucunement — qu'on ait pu méconnaître si longtemps la réalité du fait; mais il implique surtout une volonté de tromper : il fallait que ce fût assez habilement fait pour donner le change. Entre les lignes, donc, Fontenelle invite son lecteur à incriminer ceux qui ont ainsi fabriqué un miracle. Or, à qui la supercherie profite-t-elle? L'interprétation avancée par Horstius permet de répondre. Il « prétendit qu'elle était en partie naturelle, en partie miraculeuse » (compromis absurde et contradiction dans les termes : le miracle exclut par définition toute explication naturelle), « et qu'elle avait été envoyée de Dieu à cet enfant, pour consoler les chrétiens affligés par les Turcs ». Ce sont donc les prêtres qui, exploitant la tendance « naturelle » des hommes à prendre leurs désirs pour des réalités (les chrétiens en l'occurrence désirent être consolés dans leur malheur), fondement selon Fontenelle de leur crédulité, ont bricolé ce miracle afin qu'il soit porté au crédit du Dieu chrétien. « Quelle consolation, et quel rapport »? Celui et celle que suscite précisément le désir qu'on en a, lequel a poussé les « savants » à « cour*[ir]* naturellement à la cause », ainsi que l'escomptaient les prêtres.

Deux reproches convergents sont d'autre part adressés aux « historiens » qui prétendent faire « l'histoire de cette dent » : au lieu de raisonner sur les faits, ils se sont contentés d'informations de seconde main et ont procédé par compilation (le cas de Libavius est à cet égard exemplaire) ; en outre, « ces historiens n'ont-ils été ni passionnés, ni crédules, ni mal instruits, ni négligents ? », s'interroge l'auteur un peu plus loin. Fontenelle jette ainsi les fondements de la critique historique qui sera développée par Voltaire.

2.3 La progression thématique

Sans entrer dans les détails, on peut observer que, si une structure proprement narrative assure en profondeur la cohérence de cette fable, d'autres facteurs organisent en surface sa progression. Le troisième paragraphe relève pour l'essentiel d'une (double) progression à « thèmes dérivés » (ou éclatés). Il développe en effet parallèlement deux hyperthèmes présents dans la phrase de transition, l'un en position de thème : « Ce malheur » = le fait d'attribuer des causes imaginaires à des phénomènes non vérifiés ; l'autre en position de rhème : « sur la fin du siècle passé » (voir sur ce point Combettes, p. 97). Le premier se décompose en la série — soulignée par les répétitions des mots « histoire » et « dent » — des cinq livres écrits sur la dent d'or, c'est-à-dire justement des « malheurs » arrivés à qui ne suit pas la bonne méthode. Le second hyperthème est « du type : "déroulement dans le temps" » (*ibid.*, p. 100). Il donne lieu à une autre série, celle des compléments circonstanciels de temps : « En 1593 » ; « en 1595 » ; « En la même année » ; « Deux ans après » ; « aussitôt ».

Toutefois, à partir de « Il ne manquait autre chose... », le texte revient à la progression linéaire, la phrase nouvelle (désignons-la par P1) empruntant son thème (« tant de beaux ouvrages » = T1) à l'hyperthème n° 1. Dès lors la fin du passage se laisse décrire ainsi :

P1 : T1 ——> R1 (le fondement de tous ces livres :
la dent est en or, est remis en question.)
|
P2 : T2 (examen : la dent est-elle en or ?) ——> R2 (non, c'était un maquillage.)

Quant à la dernière phrase : « mais on commença... », elle effectue une sorte de synthèse dans la mesure où, en elle, convergent les trois lignes de progression du paragraphe : a) la série n° 1 y est résumée (« faire des livres ») ; b) la série n° 2 aussi, puisqu'on on y retrouve la notion de temps (« on commença [...] et puis ») ; c) mais l'articulation des deux séries y est transformée sur le modèle du scénario décrit dans la progression linéaire, en ce sens que les livres (l'interprétation des faits) doivent être désormais soustraits au temps « chronologique » (accumulation aveugle) pour se conformer à ce qu'on pourrait appeler un temps logique, un avant-après qu'il importe de rétablir. Le renversement ainsi opéré rejoint donc et corrobore la démarche méthodique définie dans la première phrase.

3. L'art de l'écrivain

On mettra en évidence pour finir quelques procédés qui augmentent, par leur nature, le pouvoir de conviction de cette page argumentative.

3.1 L'arsenal rhétorique

Fontenelle joue habilement des répétitions. Par exemple celle, grotesque, des noms latins qui finit par faire entendre comme une cacophonie pédante. On compte, d'autre part, trois occurrences de « cette dent », puis quatre de « la dent ». Ni hasard ni négligence de style : cela vise un effet. Lequel ? Sans doute un contraste satirique entre la répétition lancinante du mot et l'absence invariable de (l'examen de) la chose : prolifération monstrueuse et ridicule des discours pseudo-scientifiques sur l'objet.

Le narrateur s'autorise un commentaire qui, à son tour, souligne l'accumulation absurde des écrits à un pôle (« afin que cette dent d'or ne manquât pas d'historiens ») tandis que le terrain expérimental demeure désespérément vide : nouveau contraste entre une abondance et une pénurie.

Variations sur le motif initial de l'ordre scientifique adéquat, qu'on retrouve deux fois sarcastiquement inversé, à la fin du premier puis du troisième paragraphe.

Mélange cocasse des registres de langue, entre un groupe sujet chargé de signes de pompe universitaire (« Un autre grand homme, nommé Libavius ») et un verbe trivial (« ramasse ») : le jeu sur les registres devient une arme pour critiquer le procédé de compilation et rabaisser qui en use.

3.2 Image et argumentation

Comme le fait remarquer Alain Boissinot, « dans le texte argumentatif, la métaphore n'est ni ornementale, ni poétique ; elle est un outil essentiel de l'argumentation » (*op. cit.*, p. 90). Une seule métaphore dans ce passage, mais significative. Filée dans le premier paragraphe, elle s'inscrit dans un champ lexical de la vitesse : après « cette méthode est bien *lente* pour la plupart des gens », viennent deux verbes métaphoriques : « qui *courent* naturellement à la cause, et *passent par-dessus* la vérité du fait ». A la lenteur patiente et ingrate de l'investigation scientifique s'oppose l'empressement spontané vers ce qui alimente les croyances.

Toutefois la métaphore ne dénote pas seulement l'impatience irréfléchie : elle pose le problème de la vérité en rapport avec le temps. Or, le texte tend en effet à substituer une démarche et un temps logiques — rien ne va tant que la recherche des causes précède l'établissement des faits — à cette fuite en avant qui, après avoir été formulée métaphoriquement en termes de course frénétique et aveugle, prend, dans l'anecdote, l'aspect d'une accumulation dans la durée d'ouvrages sans fondement. Autrement dit, l'addition au fil des ans des ouvrages scolastiques est l'équivalent et le prolongement de l'image initiale de la course. Leur sème commun : l'impatience, la motivation irrationnelle, le désir (d'exorciser ses peurs, de nourrir ses fantasmes, etc.).

3.3 L'ironie

Elle est un des atouts majeurs de cette page polémique et se situe donc dans le prolongement des procédés polyphoniques. À partir du moment où l'absurdité du livre de Horstius a été clairement suggérée, les antiphrases se multiplient. « Ingolsteterus, autre savant », c'est-à-dire autre incapable. Rullandus fait « une belle et docte réplique » ? On sait maintenant qu'il faut comprendre le contraire, de même qu'on ne se laissera plus intimider par Libavius, quoiqu'il soit désigné comme un « autre grand homme ». « Il ne manquait autre chose à tant de beaux ouvrages *[nouvelle antiphrase]*, sinon qu'il fût vrai que la dent était d'or. » La minceur de la restriction est à son tour ironique. C'est qu'elle traduit, dans la voix même du narrateur, le point de vue des « savants » eux-mêmes, portés pour leur part à minimiser l'ampleur de leur insuffisance.

On comprend que l'ironie, qui repose sur le décalage et le choc entre les différentes « voix », soit un outil presque obligé des textes argumentatifs dans lesquels, par définition, s'affrontent des thèses, donc des voix opposées.

CONCLUSION (PLAN)

— Un texte qui, par sa visée, sa structure, son écriture et notamment par la place qu'il fait à la polyphonie énonciative, est représentatif du type de texte argumentatif.

— L'utilisation d'une anecdote pour démontrer et convaincre de façon « plaisante » annonce les contes de Voltaire, où l'ironie jouera un rôle essentiel. Comme elle le fera, d'une façon générale, dans tous les écrits polémiques des écrivains des Lumières, à commencer par les *Lettres persanes* de Montesquieu.

INDEX